LA PROVINCE DU NORD-UBANGI ET SES POTENTIALITÉS

Les Impliqués Éditeur

Structure éditoriale récente fondée par L'Harmattan, Les Impliqués Éditeur a pour ambition de proposer au public des ouvrages de tous horizons, essentiellement dans les domaines des sciences humaines et de la création littéraire.

Déjà parus

El baroudi (Saïd), *Voler un sourire à son ombre*, essai, 2016.

Verdol (Joëlle), *La méthode DPR*, essai, 2016.

So (David Landry), *Souvenir d'un passé récent*, témoignage, 2016.

Cichalewska (Iwona), *L'émoi et moi*, essai, 2016.

Melliti (Rosa), *Terre de bien-être pour la femme africaine*, essai, 2016.

Chavel (Raymond), *L'ironie du sort*, récits, 2016.

Dordain (Dominique), *Abécédaire du petit bogolan nord-sud*, 2016.

Delattre (Bernard), *2015 : Désespoirs, mais aussi des espoirs*, essai, 2016.

Colombier (Roger), *La commanderie de Prunay-le-Temple dans les Yvelines*, essai, 2016.

Giroux (Bruno), *Scènes familiales de la Caraïbe et d'ailleurs*, nouvelles, 2016.

Ces dix derniers titres de ce secteur sont classés par ordre chronologique en commençant par le plus récent.
La liste complète des parutions, avec une courte présentation du contenu des ouvrages, peut être consultée sur le site :
www.lesimpliques.fr

Désiré Konga Wanguwa

La province du Nord-Ubangi et ses potentialités

Un levier de commande pour le développement de la sous-région

Les impliqués Éditeur

21 bis, rue des écoles, 75005 Paris

www.lesimpliques.fr
contact@lesimpliques.fr

ISBN : 978-2-343-08721-4
EAN : 9782343087214

À nos regrettés parents WANGUWA Pierre
et YAPIAMA Suzanne,
la communauté nord-ubangienne
et nos amis... pour l'espérance partagée
sur le Nord-Ubangi et ses atouts.

PRÉFACE

Ayant eu l'avantage, il y a quelques années, de compter KONGA WANGUWA Désiré parmi mes meilleurs étudiants à l'Institut Facultaire de Développement (IFAD), d'abord Gradué en Sciences et Techniques de Développement et par la suite Licencié en Gestion de l'Environnement et Assainissement. C'est avec un grand plaisir qu'aujourd'hui j'écris, à sa demande, la préface de son bel ouvrage sur la province du Nord-Ubangi et ses potentialités.

Le brillant étudiant d'hier est devenu chercheur, scientifique et Ingénieur en environnement et développement durable. C'est un exposé magistral que l'auteur donne ici des problèmes réels de son terroir à savoir : la position géostratégique de la Province du Nord-Ubangi et son enjeu pour le développement en passant par l'identification de ses ressources naturelles.

Pour parvenir au développement réel de ladite province, il faut une bonne gouvernance et bonne gestion de ces ressources devant amener le Nord-Ubangi au développement durable. Le lecteur trouvera dans ces pages une description précise et fouillée, soutenues par une riche cartographie de la province du Nord-Ubangi.

Grâce à cet ouvrage, les communautés politico-scientifiques et nos enfants étudiants ont sur leur table une nourriture à la marque congolaise et prête à la consommation. Le mérite de l'auteur est de faire apparaître avec une grande clarté suivant les principes de la recherche, la description de la Province du Nord-Ubangi sur le plan géographique dans la sous-région ; les potentialités que regorge cette province ; la bonne politique de gouvernance de la province ainsi que la bonne gestion de ses richesses scandaleuses en vue d'un réel décollage de la province et une contribution certaine au développement de la RDC.

L'auteur n'est pas seulement un universitaire éprouvé par l'analyse des textes développementaux et rompu à la synthèse des mécanismes développementaux et environnementaux. Son expérience sur la province lui a appris l'importance de la manière dont la bonne gestion est dans le secteur concerné est appliquées ou non. L'auteur a le mérite de ne pas chercher à dissimuler les imperfections d'un système de gestion de ressources naturelles par les gouvernants et gouvernés dont il s'efforce de présenter les mécanismes en toute objectivité et dont par ailleurs, il ne craint pas de suggérer des pistes de solution.

Ce livre fera date et sa lecture sera utile non seulement à tous les congolais, étudiants, administrateurs, politiciens… qui ont besoin de bien connaître une des provinces de leur pays mais aussi à tous ceux que leurs responsabilités appellent à réfléchir aux problèmes du développement et qui estiment que leur solution ne peut ignorer la gestion durable du Nord-Ubangi.

Kinshasa, mai 2016

Abbé Emmanuel EYENGA LIONGO DJOLI
Professeur à l'Université Pédagogique Nationale (UPN)
et Recteur de l'Institut Facultaire de Développement (IFAD)/RDC

AVANT-PROPOS

Cela fait longtemps que nous avons pris l'option de consacrer des moments de réflexion sur le thème : *La province du Nord-Ubangi et ses potentialités, un levier de commande pour le développement de la sous-région.* La province du Nord-Ubangi, en plus de sa position géostratégique, ses atouts, ses valeurs, ses bons meneurs d'hommes, regorge de cadres compétents multidisciplinaires capables de l'organiser et de la faire fonctionner à plein régime.

La capacité du peuple dans le choix judicieux de ses dirigeants, la bonne gouvernance issue du rapprochement du dirigeant de sa base justifient le choix de notre thématique. À cet effet, plusieurs questions ont guidé la recherche et les échanges. Ainsi, des questions plus fondamentales telles que : pourquoi l'émergence du Nord-Ubangi tant attendue tarde à être visible ? Pourquoi le Nord-Ubangi ne capitalise pas ses potentialités pour son développement socio-économique ?

Par ailleurs, pour le Nord-Ubangi dans son optique de développement, il est souhaitable que les filles et fils de la contrée prennent en considération les aspects liés à l'éventualité de la mise en place d'une classe politique responsable, aux barrières culturelles, aux rivalités ethnico-tribalistes, à la division entre les frères et sœurs autrefois unis comme un seul peuple, et à la manipulation des populations par les politiciens, à cause du bas niveau d'instruction et du degré de pauvreté. Voilà la quintessence de nos réflexions continues dans ce présent ouvrage.

En effet, tout travail scientifique exige toujours la contribution des autres. C'est dans ce cadre que nous remercions les uns et les autres qui ont fait de ce projet une réalité. Nous pensons plus particulièrement aux administratifs de l'Université de Gbadolite(UNIGBA) ; le staff technique de l'ICCN/ Gbadolite ; les chefs coutumiers du Nord-Ubangi ; les universitaires et politiciens de la contrée pour leurs encouragements dans la concrétisation de cette étude.

Nos remerciements s'adressent aussi à nos aînés scientifiques, en l'occurrence le Professeur Abbé MOLE GBAMANZANGO de l'Université Catholique au Congo (UCC) ; le Professeur Jean-Paul NGBOLUA de l'Université de Kinshasa (UNIKIN) ; aux chef des travaux et assistants… pour leur détermination à nous accompagner dans les réflexions sur les atouts (potentialités) dont regorge la province du Nord-Ubangi et la bonne gestion de ceux-ci pour un développement durable.

Nous avons également une dette morale envers nos collègues qui nous ont assisté par leurs observations et suggestions. Il s'agit de : Justin LINDO, Jean-Maurice NGBONGASA, BANGADUA NYAME Roger, Michel OLLE OKOKO, Bruno BEMBIDE et YABELEMBA Clarisse… Nous ne pouvons passer sous silence les communautés YABWA de Yakoma, ASORKO de Kota-Koli, AJEMO, ATI PEPE de Mobayi, MUBABOS de Bosobolo, NGAMBE de Businga et autres ; qu'elles trouvent ici l'expression de nos sentiments de gratitude.

Enfin, nous remercions vivement le Professeur Albert KABASE YENGA YENGA qui ne cesse de nous orienter vers sa vision scientifique et qui nous porte toujours dans son cœur. Nous serions ingrat de ne pas remercier Monseigneur Dominique BULAMATARI, évêque de Molegbe, pour son encouragement combien louable. Que les uns et les autres se sentent concernés dans la réussite de cette étude.

Nos remerciements s'adressent également au Professeur Emmanuel EYENGA LIONGO DJOLI qui a accepté de préfacer cet ouvrage.

Désiré KONGA WANGUWA
Auteur

INTRODUCTION

La République démocratique du Congo (RDC) compte désormais 26 provinces dont celle du Nord-Ubangi qui est subdivisée à son tour en une ville et 4 territoires.

La Constitution de la République démocratique du Congo, promulguée par le Président de la République le 18 février 2006 après référendum, confère la personnalité juridique au district du Nord-Ubangi et qui octroyait à ce dernier le statut de la province où la bonne gouvernance et la bonne politique de gestion des ressources naturelles doivent être au rendez-vous pour un développement durable de la région.

Du point de vue des richesses naturelles, la RDC recèle une biodiversité exceptionnellement riche. Il est permis de dire qu'aucun autre pays d'Afrique ne présente une profusion comparable d'espèces animales et végétales.

Cette situation avantageuse s'explique tout d'abord par des facteurs zoogéographiques et phytogéographique tels que l'étendue et la position centrale du pays par rapport au continent, la présence sur son territoire d'aires ayant constitué des centres d'évolution pour des espèces animales et végétales.

Elle s'explique également par la diversité des climats et des écosystèmes : forêt équatoriale, forêt claire, savane, mangrove, marécage, le tout baigné de cours d'eaux.

De nombreuses espèces animales y sont endémiques et certaines sont menacées d'extinction au niveau mondial[1].

La province du Nord-Ubangi abrite plusieurs espèces animales, notamment : les grands singes, espèces les plus proches de l'homme. Parmi les grands singes, nous avons le chimpanzé (Pan troglodytes), le bonobo ou chimpanzé nain (Pan paniscus), telles sont ces espèces endémiques de la RDC.

Par ailleurs, il y a aussi les okapis (Okapia johnstoni) et les paons du Congo (Afropavo congensis). Plusieurs ressources forestières non ligneuses (les produits forestiers non ligneux (PFNL)) entrant dans l'alimentation humaine et dans les pharmacopées (les plantes médicinales) font l'objet d'une forte pression de la part des populations. Ces dernières exploitent souvent ces produits pour assurer tant soit peu leur survie[2]. Les produits forestiers occupent une place importante dans la vie de la population de la province du Nord-Ubangi. En milieu rural, la survie de près de 1.332.410 habitants est encore assurée par ces produits[3]

La forêt reste la principale source d'énergie, d'aliments, de médicaments et de matériaux de construction. Ces produits

---

1 BASHIGE, E., MOTINGEA A., NTAYINGI M., ON'OKOKO P., TSHILUILA S., Nature et culture en RDC, Musée Royal de l'Afrique centrale, Tervuren, Belgique, 2004-2005, p.22.

2 Document du programme National, Environnement, forêts, eaux et biodiversité : PNEFEB, RDC, JUIN 2011, p.27.

3 Dernier recensement administratif de 2014, bureau de district du Nord-Ubangi.

forestiers se répartissent généralement en deux grands groupes, à savoir :

- Les produits forestiers ligneux et
- Les produits forestiers non ligneux.

Les problèmes environnementaux dans la province du Nord-Ubangi se posent beaucoup plus en termes de destruction des principaux biomes (écosystèmes), notamment : les eaux ; les forêts et les sols, lesquels devraient pourtant coexister harmonieusement dans un même système.

Par leurs pratiques aussi bien traditionnelles que modernes, les habitants de la province du Nord-Ubangi connaissent la rupture de l'équilibre environnemental. La grande forêt ombrophile du Sud offre des possibilités énormes en matière d'exploitation forestière, tandis que la rivière Ubangi au Nord, la Mongala au Sud et leurs affluents riches en poissons, constituent un gage certain pour le développement de la pêche.

Les vastes prairies et savanes du Nord-Ubangi sont des opportunités pour le développement de l'élevage du gros bétail. A côté de ces atouts naturels, la province du Nord-Ubangi dispose d'un certain nombre d'autres potentialités pour son développement. On peut citer entre autres :

- L'existence d'un important réseau routier de 1.577 km qui, s'il était bien entretenu, permettrait la circulation facile des biens et des personnes à travers la province ;
- La présence d'une population laborieuse estimée à 1.332.410 hab. de ruraux qui s'adonnent volontiers aux travaux agricoles. C'est une population ouverte aux innovations (Peuple capable de cultiver la terre et inonder le marché par les denrées alimentaires et éviter la malnutrition) ;

- L'existence d'un important réseau hydrographique (Ubangi et Mongala) offrant les possibilités de navigation en vue de relier les différents territoires et atteindre d'autres provinces voisines et Bangui la capitale centrafricaine (RCA) ;
- La présence des ONGS tant nationales qu'internationales et autres initiatives locales de développement ;
- La présence des Agences du système des Nations unies et de plusieurs projets de développement ;
- La présence des barrages de Mobayi-Mbongo et Karawa peuvent faciliter l'ouverture aux partenaires privés, aux investissements.

Cependant, la situation sociale de la population du Nord-Ubangi contraste avec les réalités actuelles. Et pourtant, la province compte parmi les entités territoriales les plus pauvres de la RDC à cause tout simplement de la fragilité de sa gouvernance et surtout de manque de volonté politique des animateurs politiques.

L'action politique de proximité peut aider à sensibiliser les citoyens aux écosystèmes, aux richesses locales et à leur préservation. Cette plus grande cohésion entre l'activité humaine et la nature contribue à la qualité du cadre de vie.

Il existe une corrélation étroite entre la gouvernance et le développement, ainsi qu'un consensus international sur la nécessité d'améliorer le niveau global de la gouvernance comme fin ultime et principal moyen pour un développement durable. La bonne gouvernance a un effet positif sur la croissance et le développement de la nouvelle province du Nord-Ubangi.

La solidarité, la lutte contre les discriminations, l'insertion sociale et professionnelle, le lien entre les générations seraient des actions sociales pour le développement du Nord-Ubangi.

Le présent ouvrage est structuré de la manière suivante :

- La première partie présente les données géographiques, les hommes et les différents secteurs d'activités organisés dans la province du Nord-Ubangi ;
- La deuxième partie parle des potentialités de la province du Nord-Ubangi ;
- La troisième partie parle enfin de la gouvernance et de la gestion des ressources naturelles pour un développement durable de la province du Nord-Ubangi.

SIGLES ET ABREVIATIONS COURANTS

AIRTEL	La télécommunication de l'air (Nom de société de télécommunication).
BDC	Bureau de développement communautaire.
BDD	Bureau diocésain de développement.
BRGM	Bureau de recherches géologiques et minières.
CC	Conventionné catholique.
CDAI	Centre de développement agricole et industriel.
CDI/BWAMANDA :	Centre de développement intégral de Bwamanda.
CK	Conventionné kimbanguiste.
CI	Conventionné islamique.
CP	Conventionné protestant.
CS	Complexe scolaire.
CECDO	Centre d'entraînement commando.
COMIFAC	Commission des forêts d'Afrique centrale.
DGI	Direction générale des impôts.
DVDA	Direction des voies de desserte agricole.
ECC	École conventionnée catholique.
ECI	École conventionnée islamique.

ECK	École conventionnée kimbanguiste.
ECP	École conventionnée protestante.
EP	École primaire.
EPA	École privée agréée.
ENC	École non conventionnée.
EPSP	Enseignement primaire, secondaire et professionnel.
ETFP	Enseignement technique et de la formation professionnelle.
FM	Fréquence de modulation.
HGR :	Hôpital général de référence.
HIMO :	Haute intensité de main-d'œuvre.
ICCN	Institut congolais de conservation de la nature.
IFAD	Institut facultaire de développement.
ISP	Institut supérieur pédagogique.
ISTA	Institut supérieur des techniques appliquées.
ISTM	Institut supérieur des techniques médicales.
KIN	Kinshasa.
MONUSCO	Mission de l'organisation des Nations unies pour la stabilité en République démocratique du Congo.
NC	Non conventionné.
NTIC	Nouvelles technologies de l'information et de la communication.
OCDE	Organisation de coopération et de développement économiques.
OFIDA	Office des douanes et accises.
OMD	Objectifs du millénaire pour le développement.
ONATRA	Office national de transport.

ONG	Organisation non gouvernementale.
ONGD	Organisation non gouvernementale de développement.
OP	Organisation paysanne.
OR	Office des routes.
OVD	Office des voiries et drainage.
PA	Privé Agré.
PARRSA	Projet d'appui à la réhabilitation et à la relance du secteur agricole.
PFA	Produits forestiers animaux.
PFNL	Produits forestiers non ligneux.
PGI	Parquet de grande instance.
PROREP	Procureur de la République.
PIB	Produit intérieur brut.
RCA	République centrafricaine.
RDC	République démocratique du Congo.
PROREP	Procureur de la République.
REGIDESO	Régie de distribution d'eau de la République démocratique du Congo.
RVF	Régie des voies fluviales.
SAESSCAM	Service d'assistance et d'encadrement de Small scale mining.
SECOPE	Service de contrôle de la paie des enseignants.
SNEL	Société nationale d'électricité.
TGI	Tribunal de grande instance.
REDD	Réduction des émissions dues à la déforestation et à la dégradation.
UNIGBA	Université de Gbadolite.
VODACOM	Voice data communication (nom de société de télécommunication).

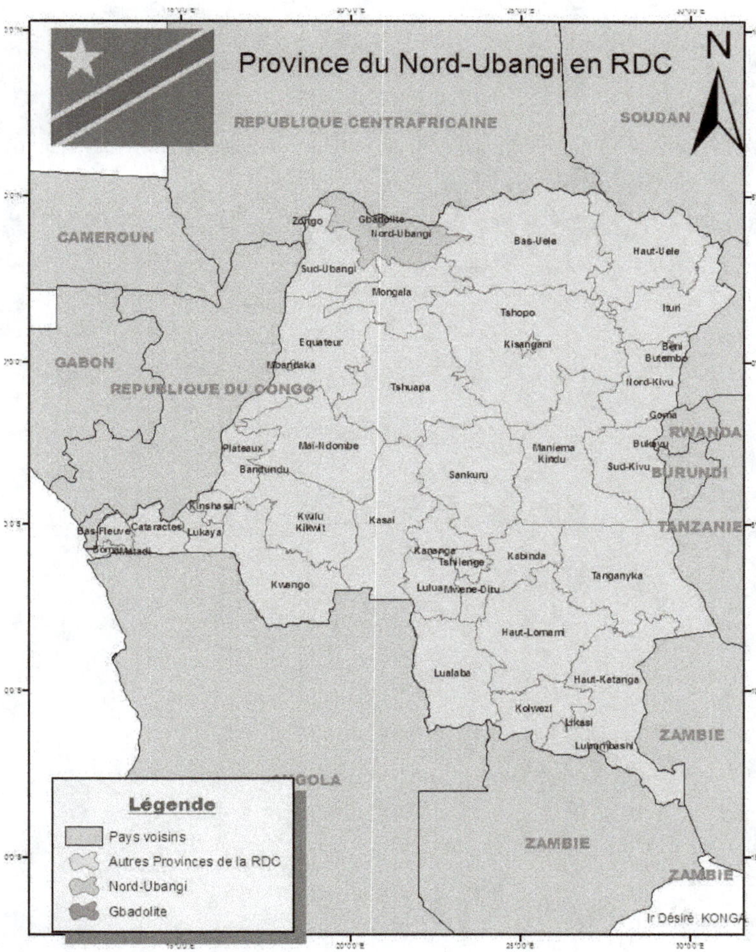
Province du Nord-Ubangi en RDC
N
REPUBLIQUE CENTRAFRICAINE
SOUDAN
CAMEROUN
GABON
REPUBLIQUE DU CONGO
RWANDA
BURUNDI
TANZANIE
ZAMBIE
ANGOLA
ZAMBIE
ZAMBIE
Zongo
Gbadolite
Nord-Ubangi
Bas-Uele
Haut-Uele
Sud-Ubangi
Mongala
Tshopo
Ituri
Kisangani
Beni
Butembo
Equateur
Mbandaka
Tshuapa
Nord-Kivu
Goma
Bukavu
Plateaux
Mai-Ndombe
Maniema
Kindu
Sud-Kivu
Bandundu
Sankuru
Kinshasa
Bas-Fleuve
Cataractes
Lukaya
Kwilu
Kikwit
Kasai
Boma
Matadi
Kananga
Tshilenge
Kabinda
Kwango
Lulua
Mwene-Ditu
Tanganyka
Haut-Lomami
Lualaba
Haut-Katanga
Kolwezi
Likasi
Lubumbashi
Légende
Pays voisins
Autres Provinces de la RDC
Nord-Ubangi
Gbadolite
Ir Désiré KONGA

PREMIÈRE PARTIE

DONNÉES GEOGRAPHIQUES, LES HOMMES ET LES DIFFÉRENTS SECTEURS ORGANISÉS

Les potentialités de la province du Nord-Ubangi ne peuvent pas être isolées dans un environnement qui ne peut pas servir à son développement.

Il est indispensable et impérieux de considérer ladite province de par sa position géostratégique dans la sous-région, et ses habitants avant de parler des différents secteurs organisés dans cette partie de la RDC.

CHAPITRE I

DONNÉES GÉOGRAPHIQUES

I.1. Présentation

La province du Nord-Ubangi est située entre 5° de latitude Nord et 2° de latitude Sud et entre 16° et 25° de longitude Est. Elle occupe la partie Nord-Ouest de la République démocratique du Congo. Elle est bornée au Nord par la République centrafricaine et la rivière Ubangi ; au Sud par la province de la Mongala partant des territoires de Lisala et Bumba. A l'Est par la province de Bas-Uélé (Ex. province Orientale) et la rivière Uélé. À l'Ouest par la province du Sud-Ubangi au travers du territoire de Libenge.

I.2. Le climat

Selon la classification de KOPPEN, l'ancienne province de l'Équateur qui est éclatée aujourd'hui en 5 provinces dont le Nord-Ubangi appartient à trois zones climatiques : AF, AM et AW.

- La partie méridionale recouverte par la forêt ombrophile, plate et marécageuse est de type climatique AF. Cette région n'a pratiquement pas de saison sèche et couvre la ville de Mbandaka et la province de la Tshuapa.

- Le long du fleuve Congo le climat est de type AM, caractérisé par une saison sèche d'un mois, à l'exception du territoire de Bumba où l'on observe deux saisons sèches qui durent respectivement un mois et demi et quatre mois.

Cette partie couvre la province de la Mongala comprenant le territoire de Bumba, de Lisala et de Bongandanga.

- À cette zone de transition succède une zone climatique du type AW qui est caractérisée par une saison sèche qui dure 70 à 80 jours. Cette zone couvre les provinces du Nord et du Sud- Ubangi ainsi que les villes de Zongo et Gbadolite.

1) La température

La province du Nord-Ubangi connaît une température de 20,7° minimum et 30,7° maximum. La moyenne journalière étant de 25,7° et l'humidité relative de 87 %.[4] Les moyennes annuelles des températures maxima journalières se situent aux environs de 30°.

2) La pluviométrie

La pluviométrie de la province du Nord-Ubangi est de l'ordre de 1.800 mm par an et de 150 mm le mois. La saison sèche commence mi-novembre et prend fin mi-mars. Tandis que celle des pluies débute mi-mars et s'achève mi-novembre.

---

[4] Rapport annuel du district du Nord-Ubangi 2012.

3) La qualité de l'air

La qualité de l'air est d'une manière générale bonne, sauf qu'elle subit pendant la saison sèche des perturbations dues aux feux de brousse pratiqués par la population pour préparer les champs. Bien que prohibée, cette pratique, selon les agriculteurs facilite le labour.

I.3. La densité

La province du Nord-Ubangi présente une densité de 17 hab. / km^2.

I.4. La superficie

Le Nord-Ubangi (Avec une superficie de 56.632 , 5 km^2) est une province qui a la même superficie que la République du Togo (56.785 km^2) et la Croatie (56.594 km^2). Sa superficie est supérieure à la Belgique (30.528 km^2), à l'Israël (20.770 km^2), au Rwanda (26.338 km^2), à la Suisse (41.277 km^2), à Danemark (43.094 km^2), au Burundi (27.830 km^2), à la Guinée-Bissau (36.125 km^2), au Costa Rica (51.100 km^2), au Pays-Bas (41.543 km^2), etc.

I.5. L'hydrographie

La province du Nord-Ubangi dispose d'un réseau hydrographique qui totalement baigne. Les principaux cours d'eau sont la rivière Ubangi et la rivière Mongala respectivement frontalière avec la RCA au Nord et les provinces de la Mongala et Sud-Ubangi au Sud. Il y a également plusieurs cours d'eau à travers les territoires.

Quant au régime des eaux, Bultor (1950) distingue des mois de hautes, moyennes et basses eaux. Le tableau 1 présente le régime hydrographique moyen annuel des principaux bassins du Nord-Ubangi.

Tableau 1 : Régime hydrographique moyen annuel.

Bassin	Jan.	Fév.	Ma.	Av.	Mai	Juin	Juil.	Août	Sept.	Oct.	Nov.	Déc.
Ubangi	B	B	B	B	B	M	M	M	H	H	H	M
Mongala	B	B	B	B	B	M	M	M	H	H	H	M

Source : Monographie de la province de l'Équateur 2013.

Légende : H=Hautes eaux ; B=Basses eaux ; M=Moyennes eaux.

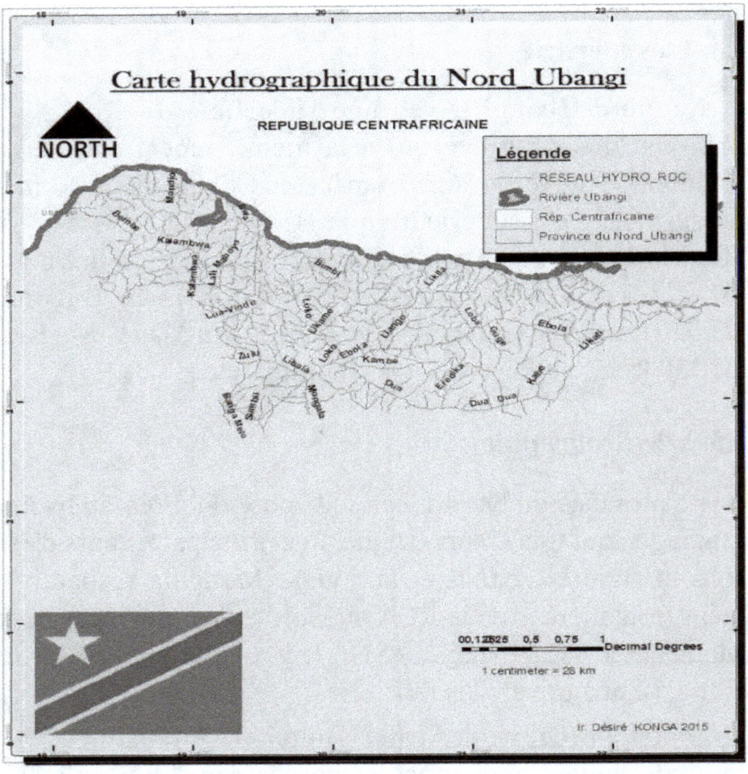

Carte 2 : Hydrographie du Nord-Ubangi

I.6. La démographie

Suivant le résultat du recensement administratif de la population pour l'exercice 2011, la population de la province du Nord-Ubangi est estimée à 1.633.856 hab. Ces données sont réparties de la manière suivante :

- **Bosobolo : 389.297 hab.**
- **Businga : 580.351 hab.**
- **Mobayi-Mbongo : 168.076 hab.**
- **Yakoma : 357.614 hab.**
- **Gbadolite : 138.518 hab.**

I.7. La nature du sol.

La nature du sol est argilo- sablonneuse et est dans son ensemble très fertile pour toutes sortes de cultures. Son relief englobe les plateaux, collines et savanes boisées. Vers le Sud, une forêt vierge qui forme la limite territoriale avec celles de Lisala et Bumba. Tandis que les savanes boisées forment la limite territoriale avec celle de Gemena et la ville de Zongo à l'Ouest.

I.8. Les subdivisions administratives

Cet espace aujourd'hui province du Nord-Ubangi a été successivement régi par le district de la Mongala, la province de l'Ubangi avec chef-lieu à Gemena puis est rentré dans le district de la Mongala. Et depuis 1977 cet espace est devenu le district du Nord-Ubangi.

La Constitution de la République promulguée par le Président de la République le 18 février 2006 après référendum confère la personnalité juridique au district du Nord-Ubangi qui a octroyé à ce dernier le statut de province.

Ainsi, politiquement, la province du Nord-Ubangi est subdivisée en 4 territoires, une ville ; 11 secteurs ; 3 communes et 127 groupements. Le territoire de Yakoma a 3 secteurs et 33 groupements ; le territoire de Mobayi-Mbongo a 2 secteurs, 30 groupements ; le territoire de Bosobolo a 3 secteurs, 23 groupements et le territoire de Businga a 3 secteurs et 41 groupements.

La ville de Gbadolite a 3 communes urbaines. (Père Léon de Saint Moulin : Atlas de l'organisation administrative de la République démocratique du Congo, CEPAS – Kinshasa, 2005).

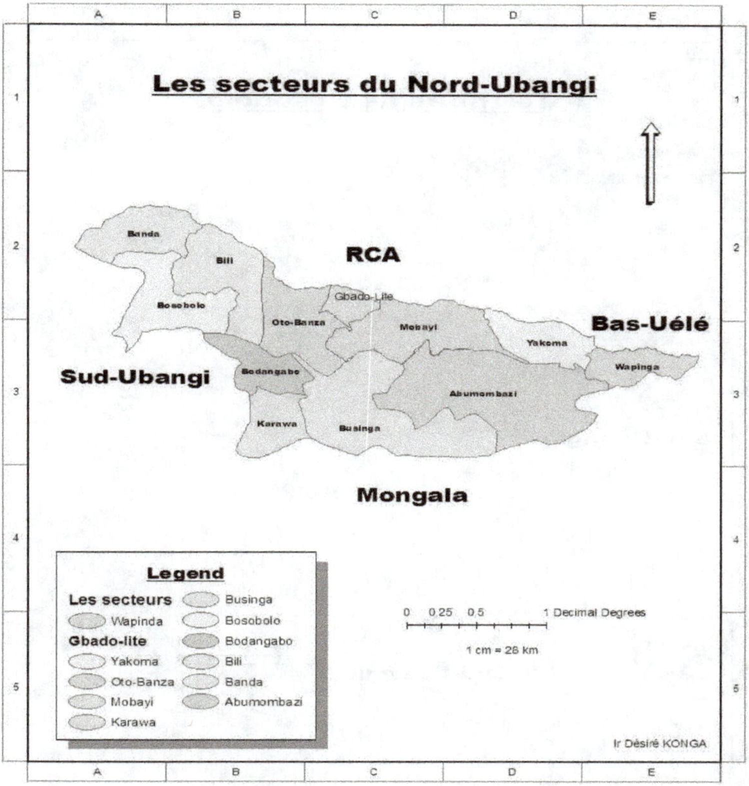

Carte 3 : Les secteurs du Nord-Ubangi

1). Territoire de Bosobolo

Le territoire de Bosobolo est divisé en 3 secteurs notamment :

- **Le secteur Banda avec 5 groupements et 155 villages ;**
- **Le secteur Bili avec 10 groupements et 172 villages ;**
- **Le secteur Bosobolo avec 8 Groupements et 83 villages.**

Le territoire a une densité de 18 hab. /km^2 et sa superficie est de 13.277 km^2.

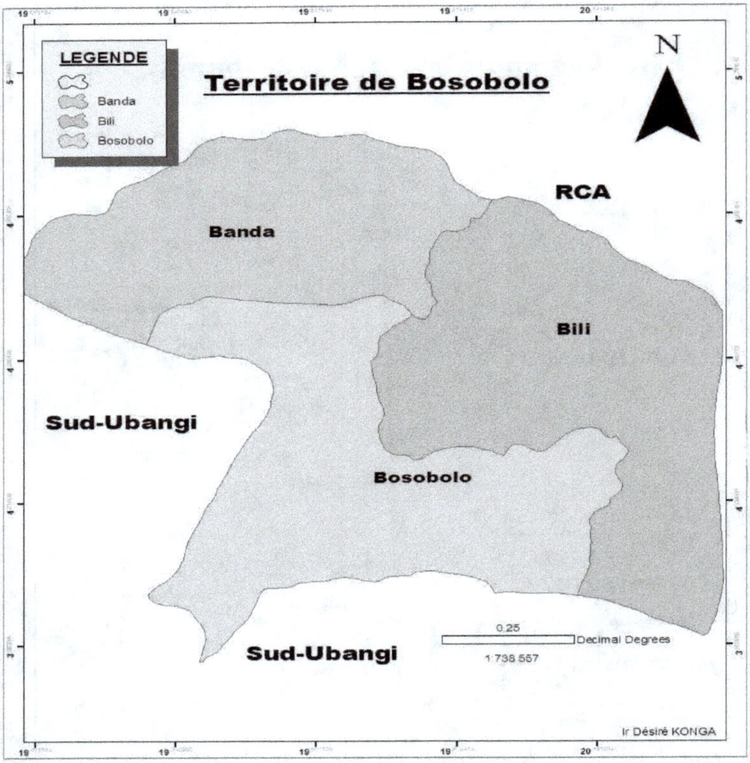

Carte 4 : Territoire de Bosobolo

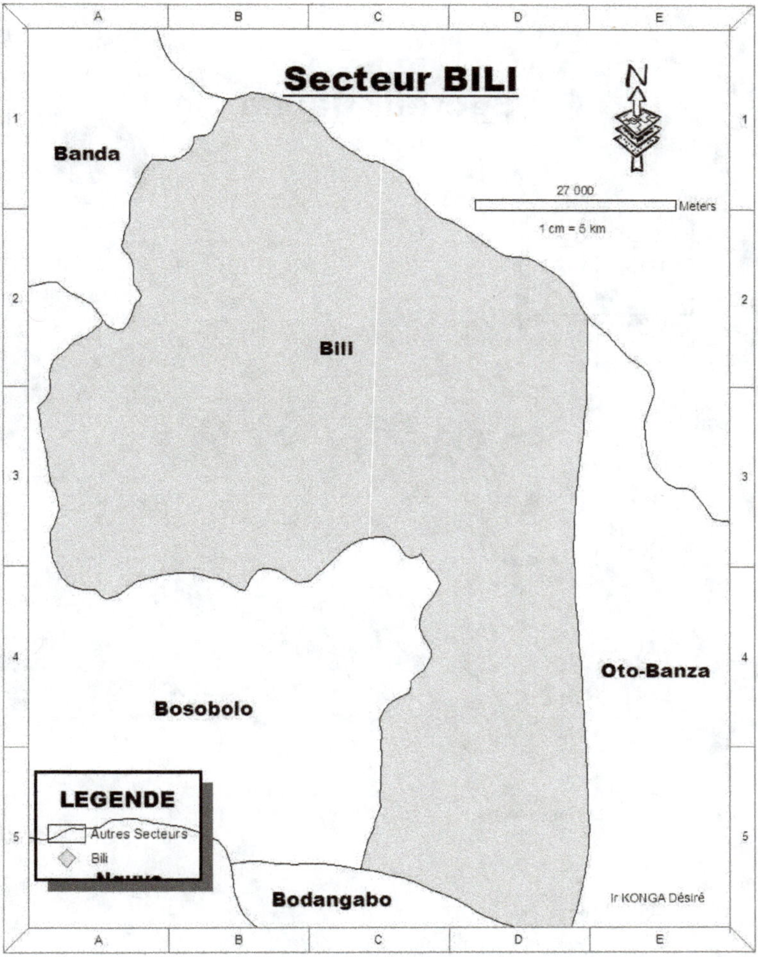

Carte 5 : Secteur Bili

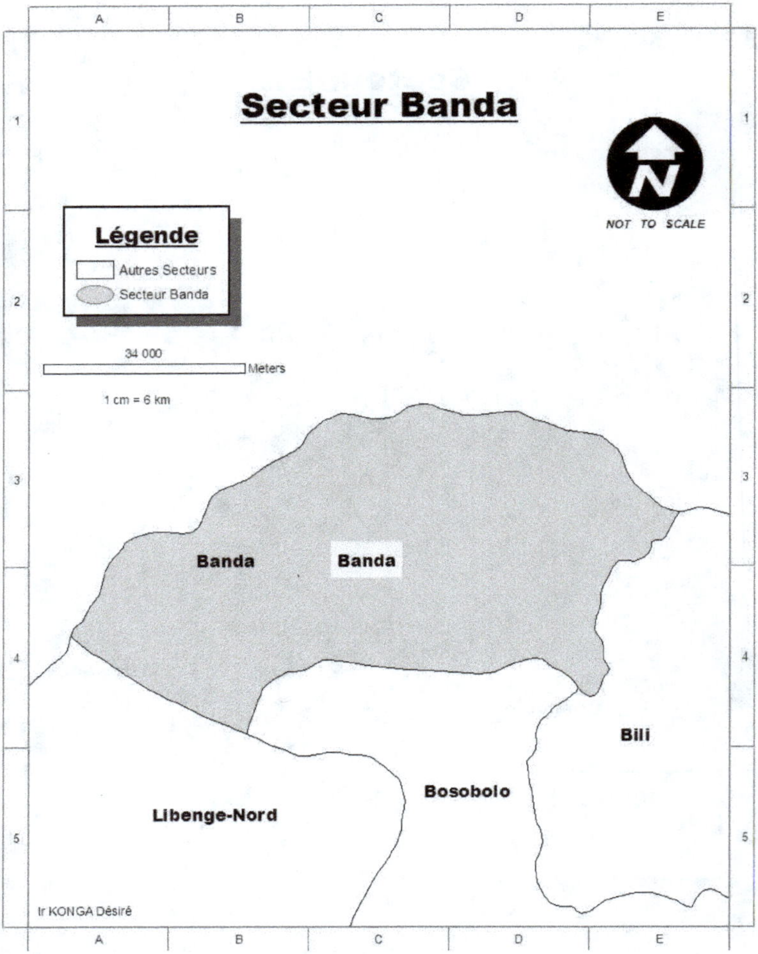

Carte 6 : Secteur Banda

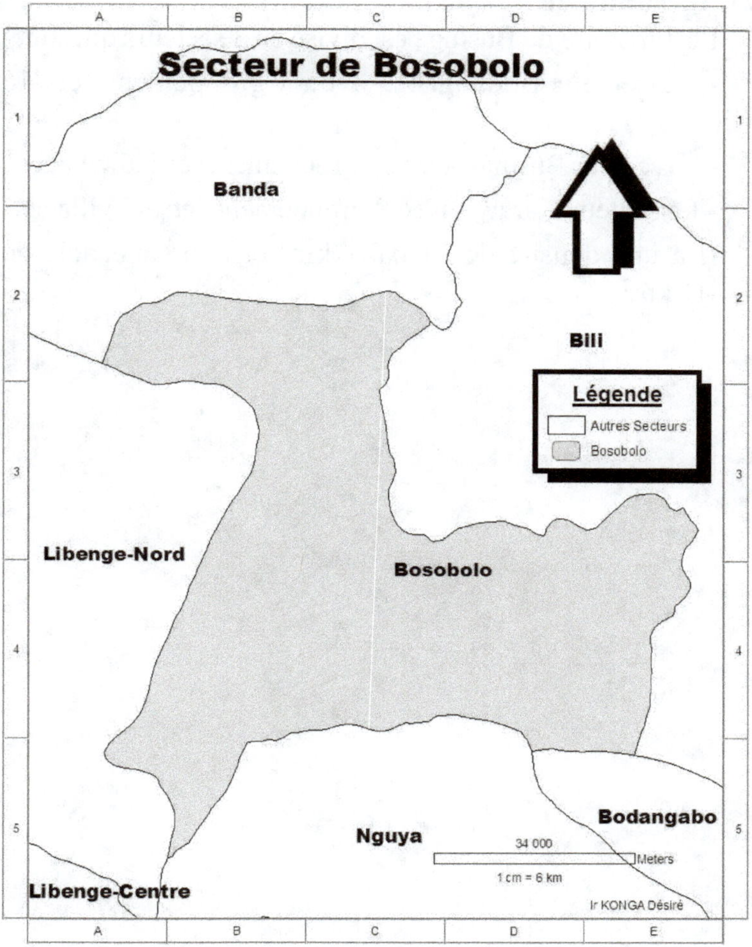

Carte 7 : Secteur Bosobolo

2). Territoire de Businga

Le Territoire de Businga est divisé en 3 secteurs qui sont :

- Le secteur Bodangabo avec 8 groupements et 116 villages ;
- Le secteur Businga avec 24 groupements et 116 villages ;
- Le secteur Karawa avec 9 groupements et 147 villages.

Il a une densité de 23 hab. /km^2 et une superficie de 17.411 km^2.

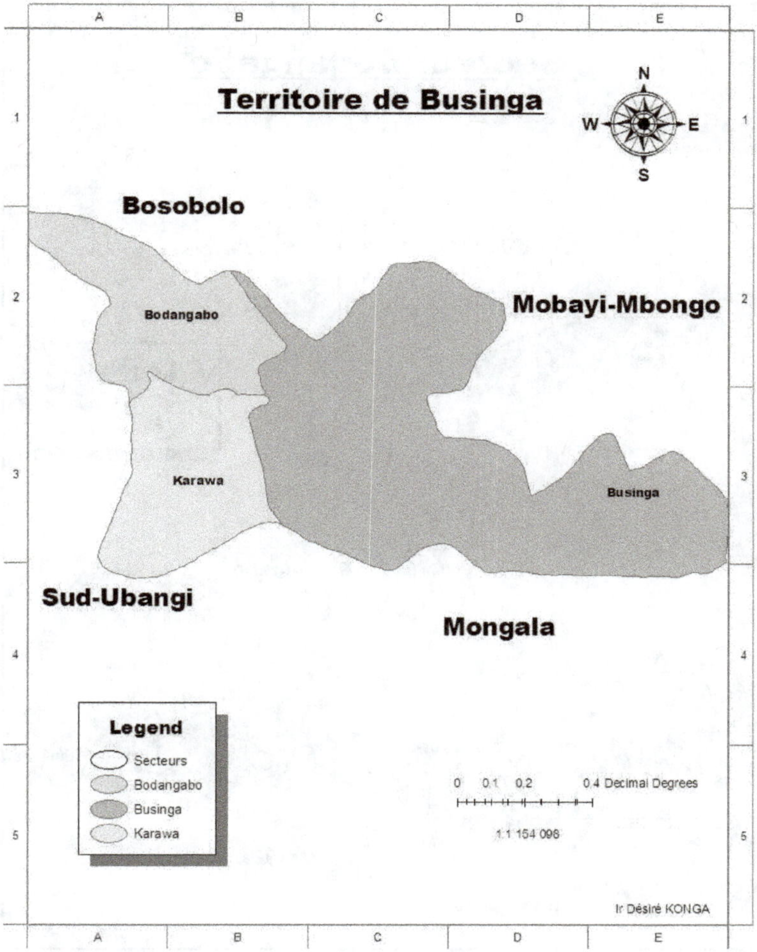

Carte 8 : Territoire de Businga

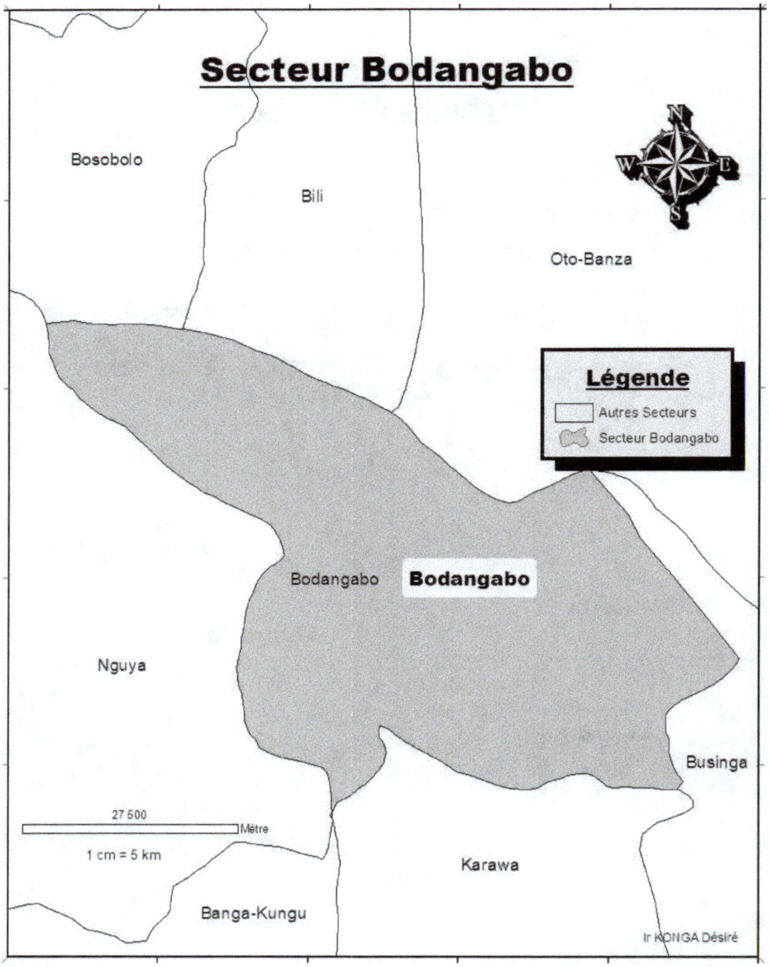

Carte 9 : Secteur Bodangabo

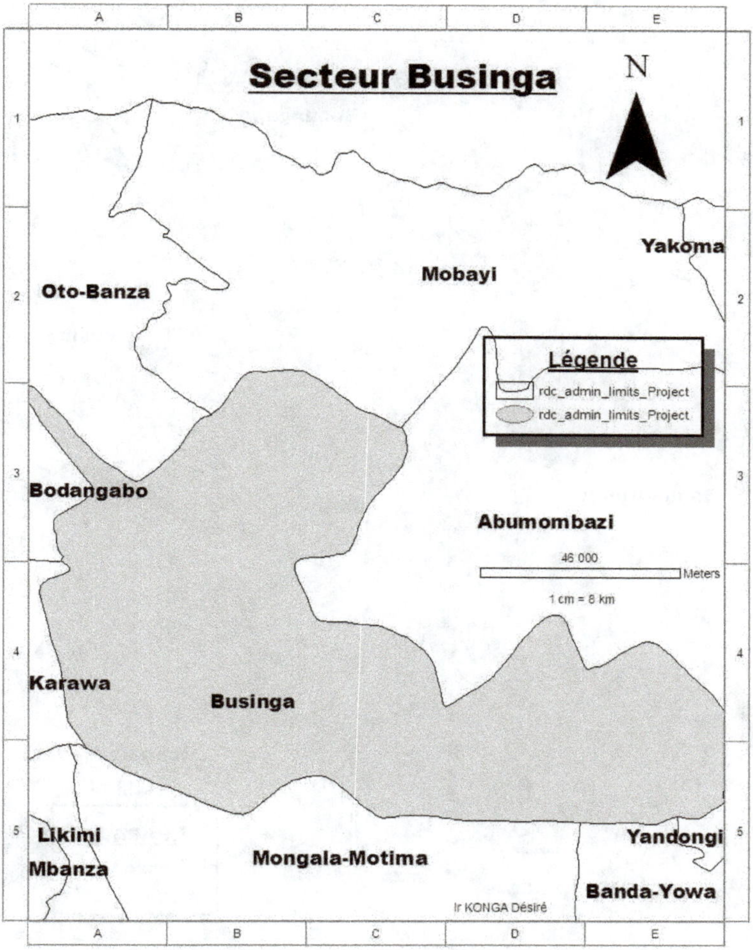

Carte 10 : Secteur Businga

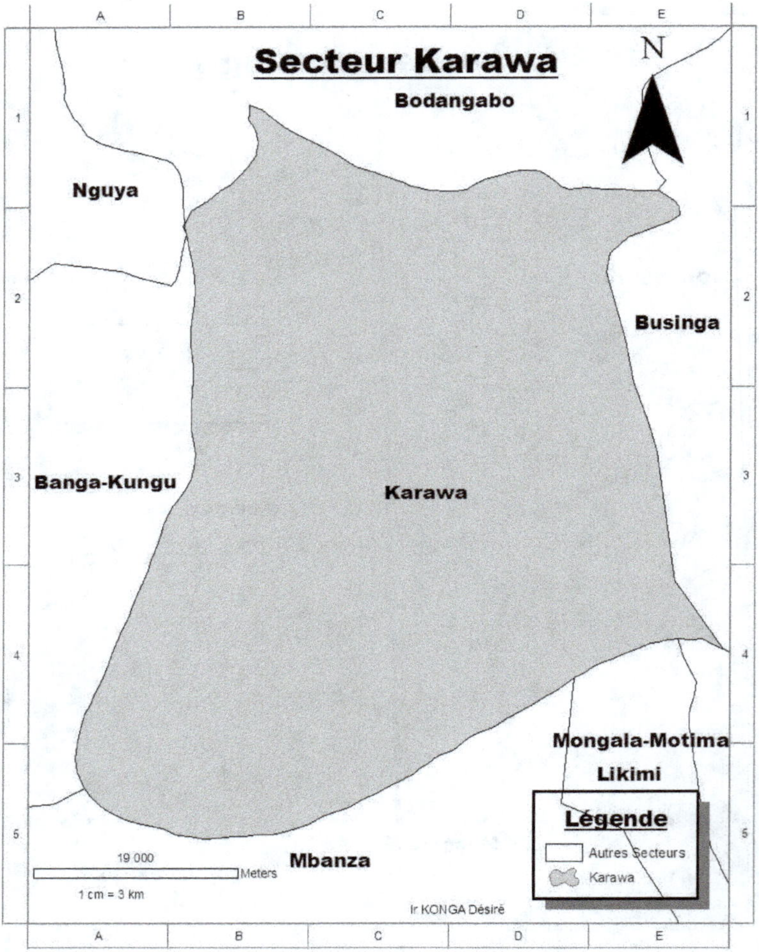

Carte 11 : Secteur Karawa

3). Territoire de Mobayi-Mbongo

Le territoire de Mobayi-Mbongo était le chef- lieu de district du Nord-Ubangi. Avant 1972, il s'appelait Banzyville. Le siège administratif fait face à Mobayi-Banga en République centrafricaine (RCA). Le territoire a une densité de 12,5 hab. /km^2 et présente une superficie de 10.547 km^2. Il est divisé en 2 secteurs qui sont :

- Le secteur Mobayi avec 16 groupements et 95 villages ;

- Le secteur Otto-Mbanza avec 15 groupements et 113 villages.

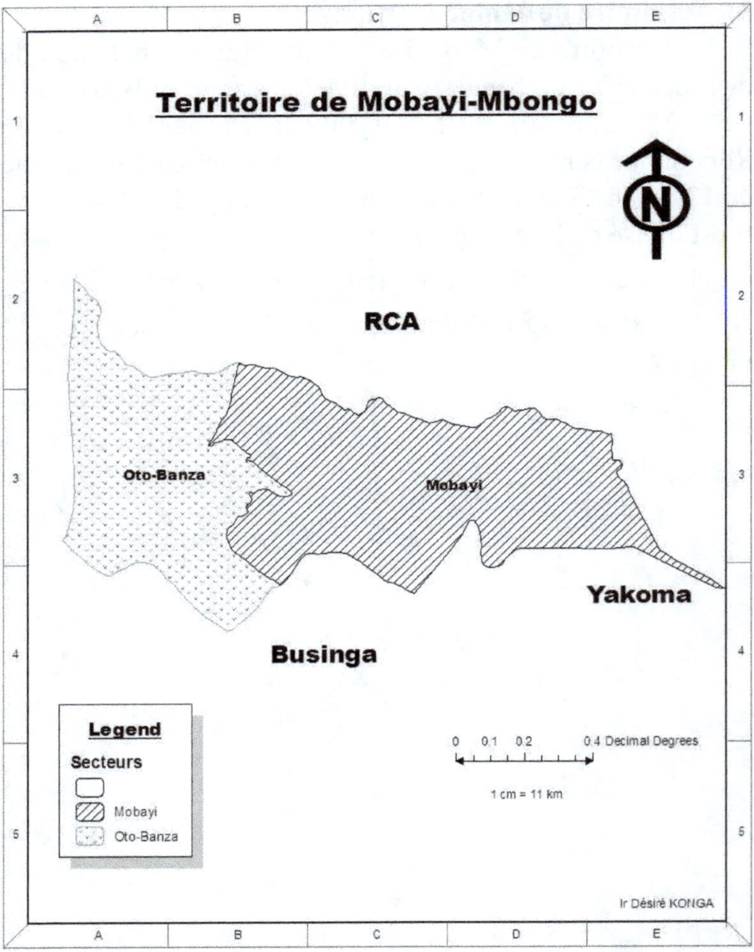

Carte 12 : Territoire de Mobayi-Mbongo

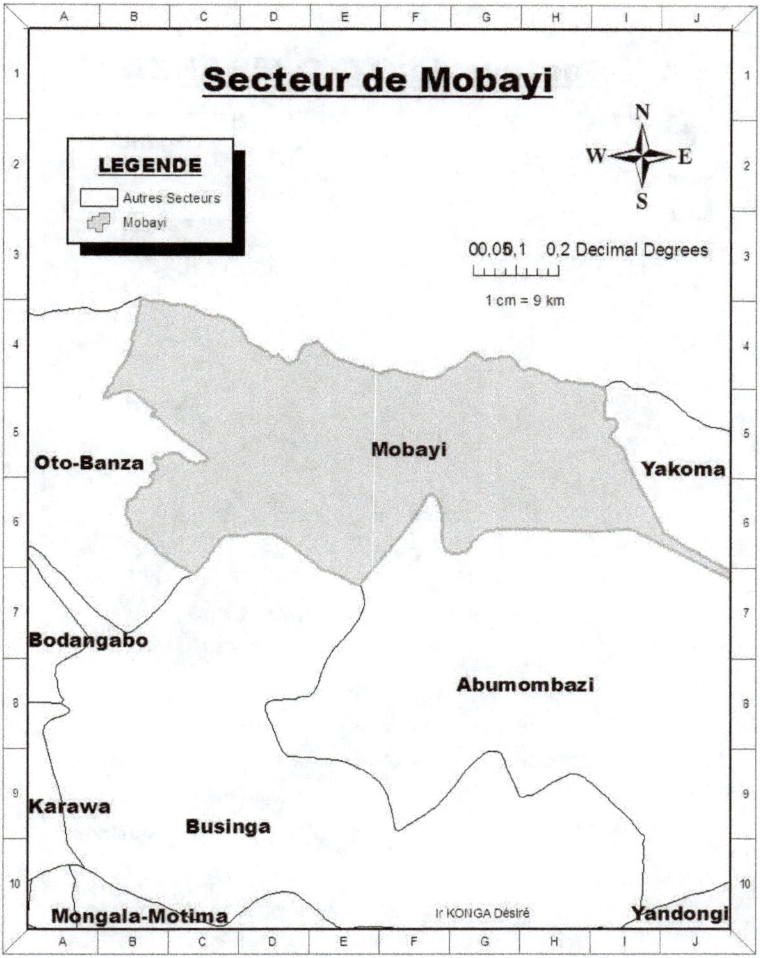

Carte 13 : Secteur Mobayi

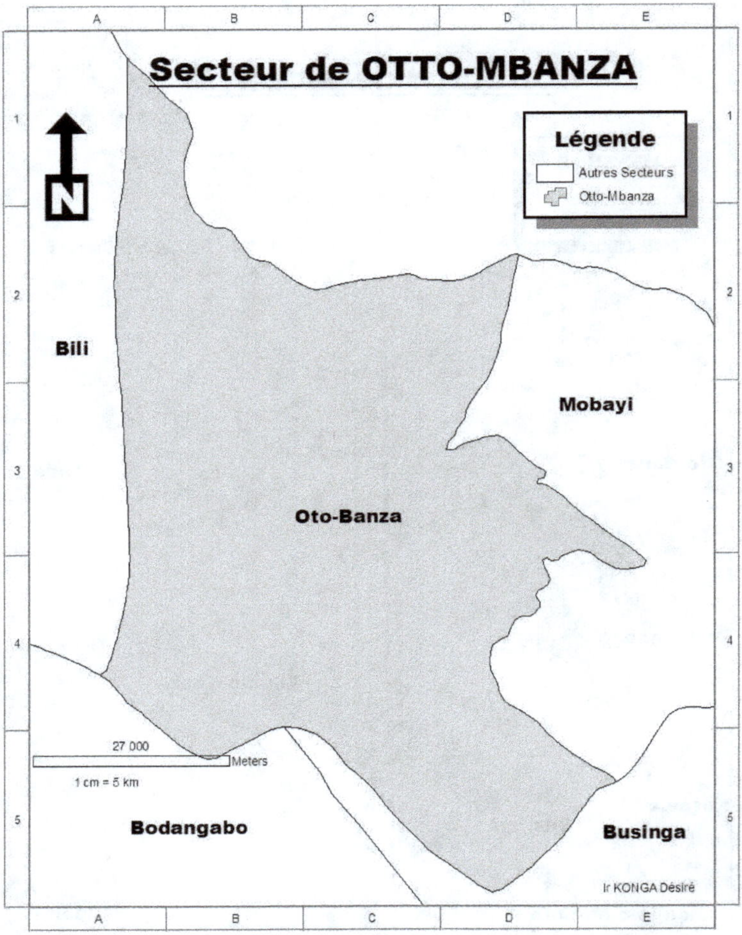

Carte 14 : Secteur Otto-Mbanza

4). Territoire de Yakoma

Le territoire de Yakoma a une densité de 20 hab. /km^2 et présente une superficie de 17.365 km^2. Il est divisé en 3 secteurs qui sont :

- Le secteur Abumombazi (Abuzi) avec 16 groupements et 82 villages ;

- Le secteur wapinda avec 6 groupements et 68 villages ;

- Le secteur Yakoma avec 12 groupements et 116 villages.

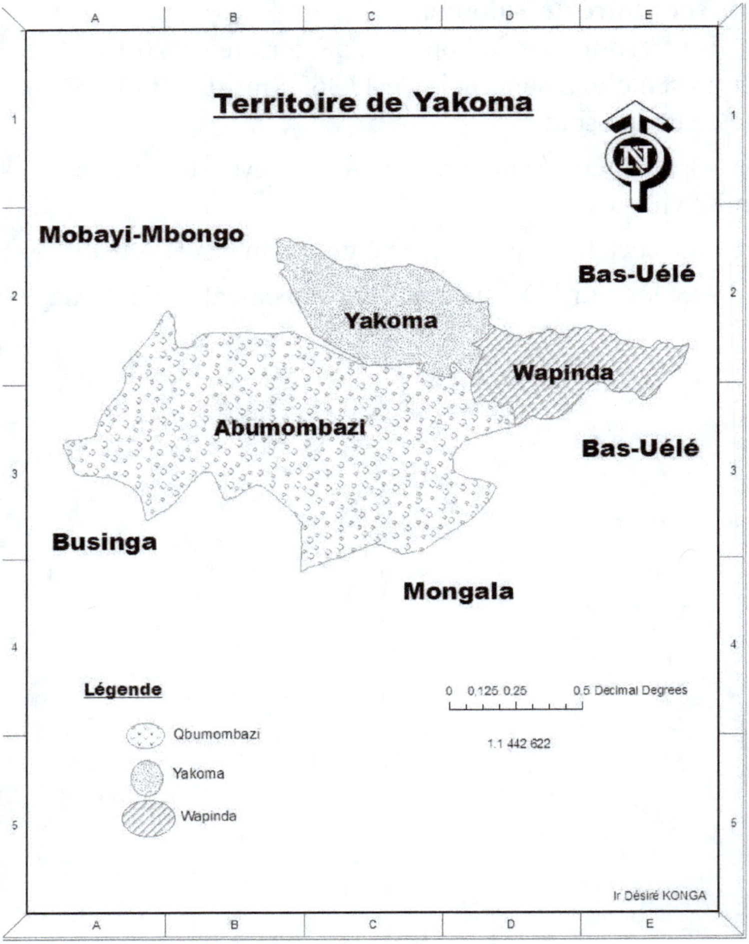

Carte 15 : Territoire de Yakoma

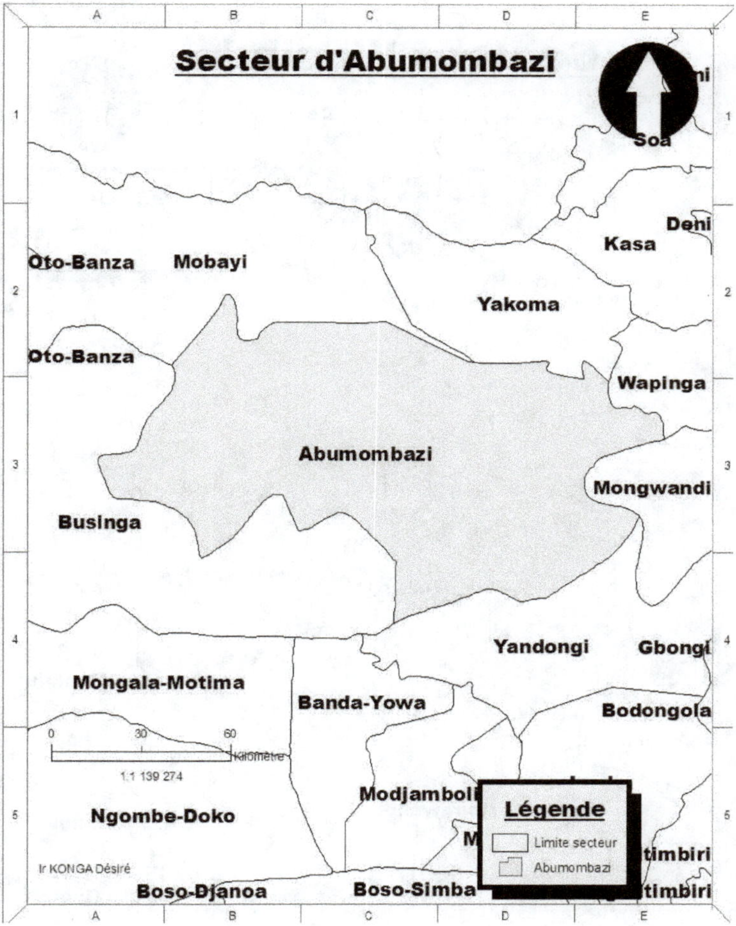

Carte 16 : Secteur Abumombazi

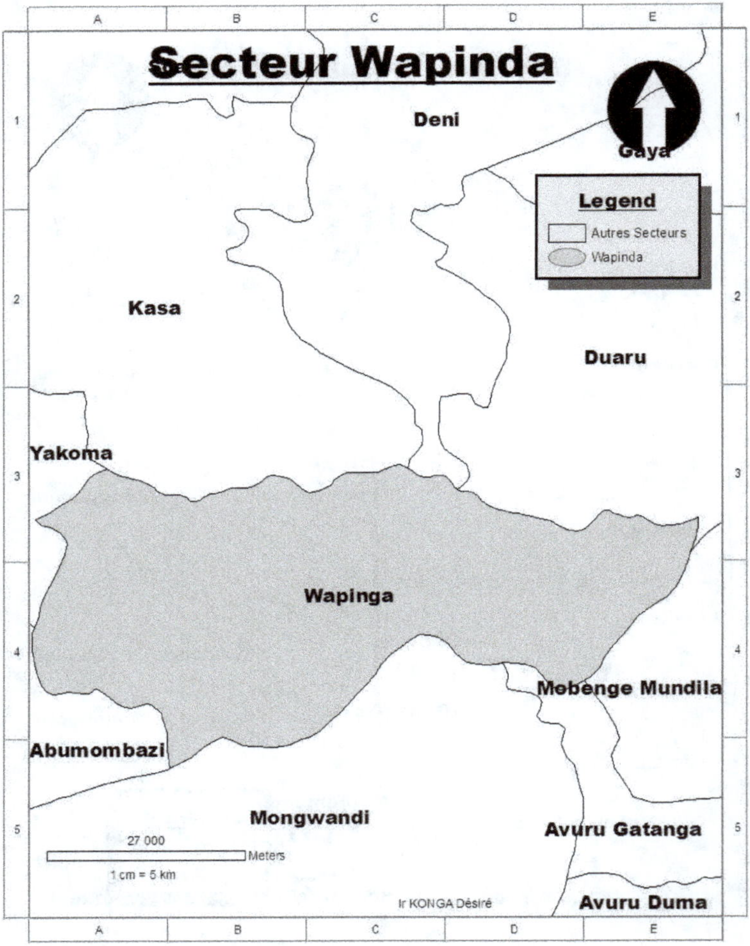

Carte 17 : Secteur Wapinda

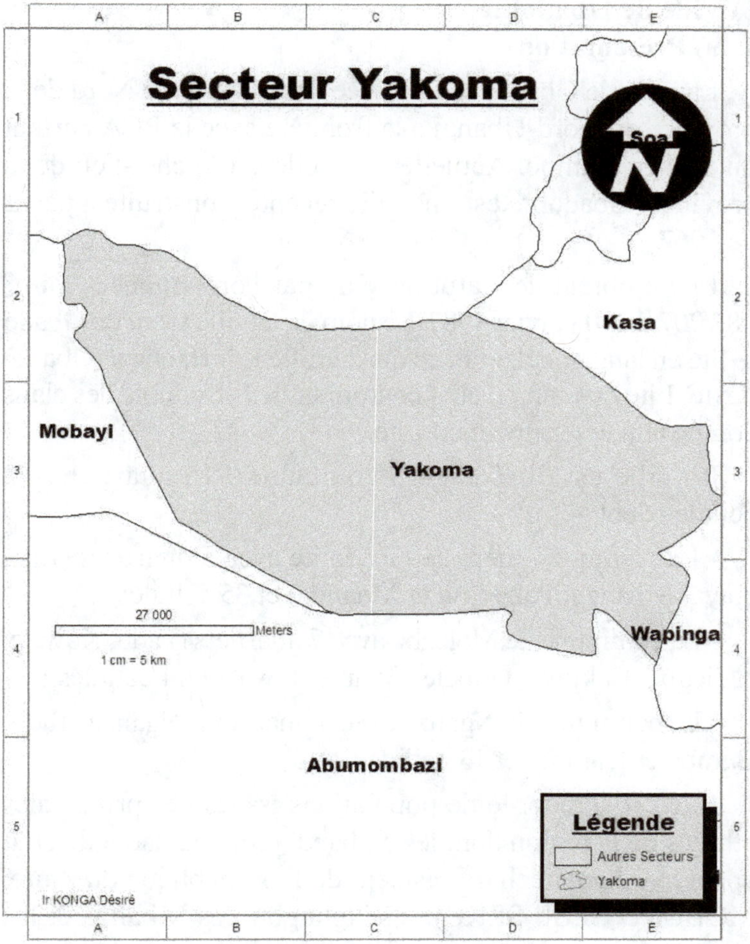

Carte 18 : Secteur Yakoma

5) Ville de Gbadolite

a) Présentation

La ville de Gbadolite est située dans l'extrême Nord de la province du Nord-Ubangi à la frontière avec la RCA partant du village Kambo. Actuellement, elle est le chef-lieu de la province. Gbadolite est une ville récente, construite à partir de 1967.

Elle a obtenu le statut de ville par l'ordonnance- loi n° 087/007 du 10 janvier 1987. Le nom de la ville vient de Gbado te lite en langue ngbandi, ce qui signifie le « Baoba » (Gbado) de (te) Lite du nom du chef coutumier de l'ensemble des clans composant le groupement Lite.

La ville est divisée en 3 communes, 16 quartiers, 92 cellules dont :

- La commune-mère de Gbadolite avec 5 quartiers (Lite, Kaya, Mbanza, Pangoma et Moanda) et 35 cellules ;
- La commune de Molegbe avec 7 quartiers (Fadu, Kawele, Molegbe, Bakpwa, Gobele, Gbau et Fiwa) et 44 cellules ;
- La commune de Nganza avec 4 quartiers (Nganza, Tudu, Bambu et Kambo) et 13 cellules.

Elle est composée de populations issues des principales ethnies de la région dont les Ngbandi (ethnie à laquelle était apparenté le maréchal Président de la République du Zaïre, MOBUTU SESE SEKO), les Ngbugbu, les Mbanza et les Yapwa.

À la suite du développement économique de la région, d'autres groupes venant d'autres régions se sont installés, comme les Ngbaka, les Ngombe, les Mono, les Mbuza, les Mongo, les Bakongo, les Swahili, les Baluba, etc. Bref, c'est une ville cosmopolite.

b) Historique

En 1960, la ville de Gbadolite n'existait pas encore et la région se caractérisait par plusieurs petits villages autour du centre diocésain de Molegbe dont on peut encore apercevoir la cathédrale Saint-Antoine de Padoue, construite en 1929 et le couvent Sœurs-filles de Molegbe.

Dès son accession au pouvoir, MOBUTU obtient le consentement des collectivités locales pour l'exploitation des terres afin de développer dans la région un centre économique pilote.

En 1967, le missionnaire Arthur Du Verney arrive à Gbadolite pour y implanter une église, une école, un centre de santé et un centre pilote pour le développement du milieu.

Dans sa tâche, il est aidé notamment par Yamafula, un ingénieur agronome congolais. Sous l'impulsion du travail des missionnaires et avec l'aval du maréchal MOBUTU, le centre prend une certaine ampleur et, quelques années plus tard, est créé le centre de développement agricole et industriel (CDAI)[5].

Autour de cette activité économique, la région se développe rapidement avec la création d'un aéroport international, de routes, de logements, d'un barrage hydroélectrique (barrage hydroélectrique de Mobayi-Mbongo)…

Le tout, sous la volonté du maréchal MOBUTU.

Plusieurs banques, industries, fermes …s'installent également accompagnées par de nombreux villageois venant grossir la population urbaine[6]. Avec la fusion de plusieurs

---

5 Country guide : Petit fûté, Congo République démocratique, première édition, 2006-2007.

6 *Idem*

groupements villageois, la cité de Gbadolite est fondée le 10 janvier 1987, elle devient la ville de Gbadolite.

La ville vit en réalité par la volonté du maréchal MOBUTU. Issu de l'ethnie Ngbandi, la principale communauté de la région, ce dernier aura tôt la volonté d'installer une résidence parmi les siens.

Dans une région peu accessible, il fonde une ville au milieu d'une grande forêt équatoriale où il y avait un grand village avec des infrastructures d'une ville de plusieurs milliers d'habitants ; il se fait ériger une résidence présidentielle à Kawele avec un pavillon chinois offert par le Gouvernement chinois.

La région possèdent de nombreuses exploitations agricoles dont le CDAI qui emploie près de 4.000 personnes, des fermes industrielles, des coopératives de producteurs et plusieurs sociétés privées[7].

Parallèlement, plusieurs industries s'installent dans la région comme Coca-Cola, des entreprises forestières, immobilières, des sociétés de transformation de produits agricoles, etc.

La région produit du manioc, du maïs, de la canne à sucre, de la banane, des arachides, du taro, le palmier à huile, du café, du cacao, du soja, du niébé…

La région est connue également pour ses élevages. Mais après le départ du maréchal MOBUTU et le pillage de la guerre, la ville sombre dans l'oubli et des grandes entreprises agricoles et industrielles sont tombées en faillite. Il ne reste plus rien[8].

---

7 CDAI/Gbadolite 2015

8 Mairie de Gbadolite : Rapport annuel de 2011.

Figure 1 : Mobutu

Figure 2 : Mobutu Sese Seko (derniers moments)

Tous les produits de consommation sont aujourd'hui importés de RCA et des territoires environnants. La ville de Gbadolite possède au village moanda un aéroport international. La rivière Ubangi, qui longe la ville et forme la frontière avec la République centrafricaine à partir du village Kambo permet de se rendre en RCA par pirogue. Aujourd'hui, le principal moyen de transport dans la ville est le vélo.

Actuellement, la ville ne possède plus d'équipement hôtelier de qualité. À noter le Motel NZEKELE, le GUEST HOUSE et quelques autres établissements très sommaires.

Les différentes autorités qui se sont succédé depuis la création de la ville de Gbadolite se présentent dans le tableau 2 ci-dessous.

Tableau 2 : Succession des autorités de la ville de Gbadolite

N°	**NOMS**	**ANNEES**
01	FALIALA SHAFILI	1987-1990
02	LIMBOLE LIKUNDE	1990-1994
03	MIBO TOMOYENI	1994-1997
04	KUMA	05/1997-JUILLET
05	NYINGBA Fabien	Juillet 1997-1999
06	SELENGBE AHUKWE	1999-2002
07	GOGA NZONI	2002-2003
08	KAPALATA TE GEYORO	2003-2005
09	MBAGESI Crispin	2005-2007
10	NYIKPINGO GBEKE Egide	05/2008-10/2008
11	KWANGBO GUDA Achille	09/2008-08/2011
12	NYIKPINGO GBEKE Egide	08/2011-

Source : Mairie de Gbadolite 2015

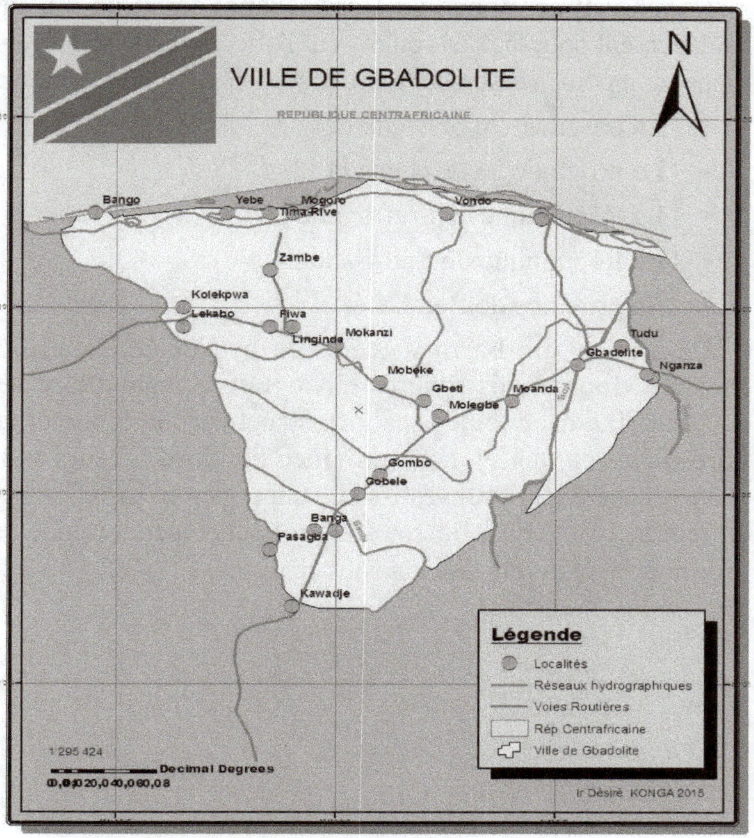

Carte 19 : Ville de Gbadolite

La nouvelle province du Nord-Ubangi serait un ouf de soulagement pour la sous-région, car l'effectivité de son développement pourra embraser toute la sous-région, notamment :

- La province du Sud-Ubangi ;
- La province de la Mongala ;
- La République centrafricaine ;
- La République du Sud-Soudan et
- La province de Bas-Uélé.

Déjà avec son barrage (centrale hydroélectrique) de Mobayi-Mbongo, les rivières Ubangi et Mongala, la ville de Gbadolite avec toutes ses infrastructures, la faune et la flore riches et variées…, la province du Nord-Ubangi a la possibilité d'avoir des investisseurs qui pourront installer des entreprises en vue d'alimenter la croissance économique et diminuer la pauvreté dans la sous-région.

CHAPITRE II

LES HOMMES

II.1. Les groupe ethnique

La population de la province du Nord-Ubangi est essentiellement composée des principaux groupes ethniques, à savoir :

Les Ngbandi, les Ngbaka, les Ngombe, les Mbanza, les Mono, les Togbo, les Gbanziri, les Gobu, les Yakpwa, les Langbase, les Ngbugbu, les Fulu, les Sango, les Kpwakabete et les Banda. Ces 15 groupes ethniques sont répartis par territoire dans le tableau 3 ci-dessous.

Tableau 3 : Groupes ethniques de la province du Nord-Ubangi

N°	TERRITOIRES	GROUPES ETHNIQUES
01	Bosobolo	Ngombe, Mono, Mbanza, Fulu, Yakpwa, Togbo, Langbase, Banda, Gbanziri et Gobu
02	Businga	Ngbandi, Ngbaka, Mbanza, Kpwakabete, et Gobu
03	Mobayi-Mbongo	Ngbandi, Yakpwa, Mbanza, Ngbugbu, Fulu et Sango
04	Yakoma	Ngbandi
05	Gbadolite	Cosmopolite avec des originaires Ngbandi et Ngbugbu

Source : Notre recherche 2015

II.2. Les éléments linguistiques

Dans la province du Nord-Ubangi, le lingala, le français, le ngbandi, le ngbaka, le mbanza et le banda sont parlés. Mais, presque partout dans la contrée, le lingala s'est imposé comme langue dominante suivi des langues ngbandi et ngbaka.

II.3. Les minorités ethniques

Les Ngbugbu, les Gobu, les Togbo et les Gbanziri constituent les ethnies minoritaires dans la province et méritent protection et assistance. Ces ethnies sont comme une classe de serf constituant une main d'œuvre pour les autres. Quoi qu'il en soit, on observe un certain éveil de conscience de la part de ces ethnies et on assiste à des foyers de tension spécialement entre les Ngbandi et les Ngbugbu, etc.

II.4. Le régime alimentaire

Le régime alimentaire des populations de la province du Nord-Ubangi est caractérisé par une prédominance des féculents, parmi ceux-ci, le manioc occupe une place de choix. Sa forme la plus utilisée le « Kwanga » (la chikwangue), est consommée partout dans la province. Les autres formes de consommation du manioc sont : le fufu (pâte de manioc) ; le ntuka ; le malemba (manioc bouilli, râpé et trempé) prisé par les Mbuza ; le sapa (manioc bouilli et trempé), le ngabuka (manioc cuit, pilé ou frappé) ; le kutubon (pâte de manioc trempé et cuit) prisé par les Ngbandi.

La banane plantain entre également dans la ration ainsi que l'igname et le taro. Le riz est consommé à des degrés assez faibles. Quant au maïs, hier aliment de base du peuple Ngbaka, il est actuellement entré dans les habitudes alimentaires d'autres tribus sous forme de farine mélangée au manioc dans la préparation du fufu. La consommation de légumes frais se limite dans les milieux ruraux pratiquement à la consommation de pondu (feuilles de manioc) et dans une certaine mesure, de bitekuteku ou babeba (feuilles d'amarante), de nkoto (feuilles de taro), de ngai-ngai (Oseille), de bilolo (Morelle)…

Dans la ville de Gbadolite cependant, l'introduction de plusieurs variétés de cultures maraîchères, progressivement entrané et suite à un brassage de cultures, une diversification des légumes consommés. La consommation de la viande d'élevage est très réduite. La viande de bœuf par exemple n'est presque pas consommée dans les milieux ruraux. Seule la viande de porc, de chèvre et de la volaille est incorporée dans la rotation, notamment lors des fêtes ou d'autres événements spéciaux.

Les principales sources de protéines animales sont les produits de la chasse (Gibier, okapi, bonobo…) et de la pêche, sans oublier les chenilles, les escargots etc.

Figure 3 : Vente de chikwangues courtes
Figure 4 : Chikwangues longues

II.5. Pratiques religieuses

La province du Nord-Ubangi est une province à majorité chrétienne. L'animisme (croyance selon laquelle les animaux, les plantes, les lieux et certains objets ont une âme) reste partie intégrante du contexte culturel. Outre les quatre Églises traditionnelles (Catholique, protestante, kimbanguiste et islamique), les Églises dites de réveil se font de plus en plus nombreuses. Traditionnelle ou de réveil, ces Églises sont des cadres ayant une forte emprise sur les populations nord-ubangiennes.

La plupart d'entre elles encadrent des initiatives locales de développement communautaire du genre BDD (Bureau diocésain de développement) chez les catholiques ou BDC (Bureau de développement communautaire) chez les Protestants. A côté de ces structures, certaines congrégations se lancent également dans des actions de promotion humaine. Nous osons croire que la population nord-ubangienne est majoritairement chrétienne. Il existe également des petites communautés religieuses, parmi lesquelles on compte notamment les témoins de Jéhovah, l'église néo-apostolique, etc.

L'Église Catholique et Protestante ont été installées dans le Nord-Ubangi à Banzyville (Mobayi-Mbongo actuel) en 1910 avant celles de Molegbe et Abumombazi en 1913[9].

Ces Eglises ont le devoir de contribuer à harmoniser la famille des hommes et son histoire[10].

Humaniser, c'est donner à l'homme la possibilité d'accroître sa capacité d'agir consciemment, sa connaissance de lui-même et, partant, son pouvoir sur lui-même, sur son environnement et sur sa société[11] et c'est, à notre avis, le vrai sens du développement.

---

9 Isidore NDAYWEL., Histoire du Zaïre, Duculot (Afrique édition), Belgique, 1997, p.348.

10 Gaudium et Spes, n° 40, 3.

11 NYERERE, J., Liberated man, the purpose of development, cité par BERRIGAN. F.J, in Les médias communautaires et le développement, UNESCO, mai, 1979. p. 9.

CHAPITRE III

DIFFÉRENTS SECTEURS D'ACTIVITES ORGANISÉS

III.1. L'agriculture

D'une manière générale, les cultures vivrières constituent l'apanage des paysans qui se livrent à une agriculture extensive sur brûlis, réalisée sur de petites superficies sans utilisation d'intrants améliorés. Les techniques agricoles restent généralement ancestrales et rudimentaires sans respect du calendrier ni de densité.

Figure 5 : Agriculture traditionnelle

Le travail est entièrement manuel avec l'utilisation d'une main-d'œuvre exclusivement familiale. L'agriculture traditionnelle est surtout itinérante quoi que dans certaines contrées. La rotation comme pratique culturale est primitive. Elle est suivie d'une jachère pouvant aller de un à six mois pour restaurer la fertilité du sol.

Dans la plupart des cas, ce sont des cultures associées. Les associations les plus courantes sont : les arachides avec maïs et courges avec manioc etc. Sauf, la culture du riz est pure. La culture vivrière vise avant tout, l'auto-subsistance. À l'exception du riz, l'arachide, le niébé, le haricot et, dans une certaine mesure, le maïs sont considérés comme des cultures de rente par excellence. Les autres productions sont consommées à plus de 65 %.

À côté des cultures vivrières, les paysans se livrent également aux cultures pérennes, notamment le café, le cacao, le palmier à huile ainsi qu'à l'arboriculture fruitière.

Par contre, l'agriculture moderne est l'apanage des exploitations de type commercial appartenant à des ONG bien outillées (Cas de CDI/BWAMANDA, CARITAS DEVELOPPEMENT et CDR/LOKO). Cette agriculture visant avant tout le profit, suit les innovations, recourt à la mécanisation des travaux, utilise le plus d'intrants améliorés possible et emploie des cadres bien formés.

Par ailleurs, l'effondrement de ce secteur a plongé le Nord-Ubangi dans une situation déplorable caractérisée par la baisse considérable de la production tant vivrière que de rente. Cette situation, qui est conséquente par l'absence d'appui au secteur de l'agriculture par le Gouvernement, a été aggravée à l'état de délabrement des infrastructures routières et la population paysanne s'est découragée. À cet effet, les

ONGD viables des producteurs œuvrant dans le secteur de l'agriculture sont énumérées dans le tableau 4 ci-dessous.

Tableau 4 : Les ONGD viables des producteurs agricoles

DÉNOMINATION	TERRITOIRES	ACTIVITES
RADECO : Réseau des acteurs de développement communautaire	Yakoma	Encadrement des ONGD
CDI/BWAMANDA :	Yakoma centre	Agriculture, hydraulique rurale, infrastructure, santé, éducation et développement
SY : Sauvons Yakoma	Yakoma centre	Agriculture et élevage
UDL : Union pour le développement de Lau-EST	Yakoma (Groupement Lau-Est)	Agriculture et élevage
ASODY : Action pour la solidarité et le développement de Yakoma	Yakoma centre	Agriculture, élevage et construction des infrastructures
CDNV : Communauté de développement Nyingo vuru	Yakoma centre	Agriculture, entretien des routes de desserte agricole et environnement
Centre mère enfant TARANYI	Yakoma centre	Agriculture, élevage, entretien des routes de desserte agricole et santé
Association et coopérative rurale de développement.	Bosobolo centre	Agriculture, structuration et élevage

ADS : Action pour le développement social	Secteur de Bili, village Badia.	Agriculture, élevage, entretien des routes de desserte agricole et santé
CDS : Coopérative pour le développement social	Village Sokoro (Groupement Ndekere), Mobayi.	Agriculture
APV : Ami des personnes vulnérables	Mobayi-Mbongo	Agropastorale
CARITAS développement :	Ville de Gbadolite	Développement durable et promotion de la santé
COOPEKI : Coopérative kimbaguiste	Ville de Gbadolite	Agriculture, élevage et santé
SALAAM	Ville de Gbadolite	Agriculture, élevage et éducation
ADSEC : Action pour le développement socio-économique	Ville de Gbadolite	Agriculture et élevage
OPAP : Organisation de la production alimentaire agropastorale.	Ville de Gbadolite	Agropastorale et relance communautaire
AZANA Assistance	Molegbe (Ville de Gbadolite)	Agropastorale et éducation.
OCAD : Organisation congolaise d'appui au développement.	Ville de Gbadolite (Scibe-congo).	Agriculture et élevage
ACOOPENU : Association des coopératives des éleveurs du Nord-Ubangi.	Ville de Gbadolite	Élevage

UDEF : Union de développement pour l'encadrement des femmes.	Businga (Karawa)	Agriculture et élevage
APDI : Association paysanne pour un développement intégral.	Businga (Centre commercial Karawa)	Agriculture et élevage
CDA/CEUM : Centre de développement agricole.	Businga (Loko)	Formation des paysans, agriculture, élevage, etc.
OB : ONGD-BWANYA	Groupement Bomago (Businga)	Agriculture et élevage

Source : Bureau du PARSSA/ Nord-Ubangi 2012

Parmi ces ONGD du Nord-Ubangi, CDI/BWAMANDA est une ONGD la plus réputé de la province.

- **CDI-BWAMANDA**

CDI-BWAMANDA est un acteur de longue date dans le Nord et Sud-Ubangi. Le centre de développement intégral a été créé en 1969 et son siège social se trouve à Bwamanda. Il conduit des activités à Gemena, Yakoma, Wapinda, Bokilio, Abumombazi, Mogalo, Businga, Bumba et Yandongi.
Ces activités sont :

- L'achat des produits agricoles ;

- La santé avec beaucoup de centres de santé (dont les médicaments proviennent de Bwamanda) ;

- L'entretien des routes de desserte agricole (dont la route Gemena-Bwamanda, Libenge-Zongo, Bumba-Yandongi et Mongala par la méthode HIMO à l'aide de financements de la BGCD-Belgique) ;

- L'hydraulique rurale (dont le forage et le captage des sources d'eau dans plusieurs villages) ;

- L'usinage de café par voie humide ;

- La rizerie (avec une unité de transformation installée à Yandongi) ;

- L'accompagnement des paysans dans l'autopromotion.

Depuis quelques années, CDI/BWAMANDA appuie également la structuration des OP de base issues de cette autopromotion. Il travaille également en étroite collaboration avec le PARSSA, le nouveau programme de la Banque mondiale[12].

Ces ONGD ci-dessus sont viables et actives dans le secteur de l'agriculture, de l'élevage, de la pêche et dans les activités du développement. Le sol du Nord-Ubangi répond mieux aux différentes cultures et au pâturage. Il existe également une main-d'œuvre disponible. Mais ces ONGD ne sont pas financées par les bailleurs de fond. L'influence des Partis politiques sur le terrain constitue des contraintes pour ces organisations. À cet effet, nous ne pouvons pas résoudre le problème de l'agriculture dans le Nord-Ubangi sans s'attaquer aux quelques routes de desserte agricole qu'il faut réhabiliter et qu'on a énumérées dans le tableau 5 ci-dessous.

---

[12] FRANS VAN HOOR., Changer l'agriculture congolaise en faveur des familles paysannes, Alliance Agricongo, 2011, P.58.

Tableau 5 : Routes de desserte agricole

Territoire de Bosobolo	**km**
Bosobolo-Ngoko (Bif : Bodangabo)	28
Bili-Wodjo	25
Bosobolo-Bososama-Bodja-Bili	52
Bili-Dunguru-Mbida-Mbelengwasho-Pandu	120
Bili-Mbida-Baraga	15
Bokada-Bodara	19
Fotsho-Lombo	21
Kogba-Bosongindo	20
Total	**300**
Territoire de Businga	
Bongala- Bosima	20
Bodokili-Gbuda	05
Botolo-Boyakpa feta	39
Karawa- Bopolo	20
Boyalulia-Bobadi poste	25
Mombombo-Kondo	21
Boyazamo-Bodangamo	39
Karawa-Bogbakusa	33
Businga-Bondoi	20
Bondangabo-Bodokali	16
Boyawe-Lumba-Bowala	06
Budika-Ambuna	20
Bondangabo-Botetoa	10
Bokulubi-Bodambule	08
Cité de Businga-Wanzi	08
Cite de Businga-Ngelemo	05
Bodokali-Bomasi	07
Tatal	**302**

Territoire de Mobayi-Mbongo	
Pambwa-Fulu	30
Dondo-Satema	17
Dondo-Polongo	13
Simbala-Zinga-Gbabanda	56
Lembo (route)-Lembo (rive)-Nyaki	15
Nzakara pamba-Ndiya gbute	15
Kenguru-Gbo gombo (centre)	12
Kenguru-Kugere	08
Gbo gombo-Yake	09
Gbo gombo-Mbindo	10
Total	**185**
Territoire de Yakoma	
Bangere-Nzobo	20
Vamboro-Taragini	14
Yakoma-Wapinda	75
Wapinda-Ngbandi	40
Abumombazi-Bwato	85
Yakoma-Maka	20
Nzobo-Ngama	20
Kongba nzenge-Ndolanga	06
Yuyu-Tere	11
Kongba bema-Dangu	07
Gbosa-Gomba	06
Total	**304**
Totaux	**1.091**

Source : Bureau du PARSSA/NORD-UBANGI 2012

Les conditions naturelles du milieu, les structures d'encadrement ainsi que l'importance du marché de consommation sont autant d'atouts disponibles pour assurer le développement de la production agricole du Nord-Ubangi. Beaucoup de jeunes aujourd'hui veulent rester à la terre. Malheureusement, ils n'en ont pas les possibilités, notamment financières, et ils sont obligés de quitter l'agriculture[13].

La condition d'aide familiale (pas de salaire, pas de responsabilité) ne présente pas suffisamment d'attrait pour que les jeunes restent sur l'exploitation familiale. C'est pourquoi, il faut mettre en œuvre une politique d'installation progressive en vue de permettre aux autres jeunes de travailler la terre pour leur épanouissement.

L'épineux problème de l'évacuation lié au mauvais état des voies de communication a pour conséquences entre autres l'existence d'un stock important de produits qui pourrissent dans certaines contrées du Nord-Ubangi. Pour que l'agriculture se développe pleinement dans l'optique de la sécurité alimentaire, de la durabilité environnementale et des possibilités économiques, une refonte des modes de fonctionnement des systèmes s'impose[14].

Le manque de volonté politique demeure l'obstacle majeur pour la relance de l'agriculture. Pour sortir de cette crise, il y a lieu de vulgariser des techniques culturales nouvelles devant appuyer les paysans et les sensibiliser sur l'impact de l'agriculture dans la création des richesses.

La motorisation agricole pose des problèmes qui dépassent largement le cadre du choix technique et du coût des équipements. Il s'agit de choisir les formules les plus appropriées pour atteindre les objectifs économiques et de développement. Il faut prendre en compte l'environnement dans lequel

---

13 CROLAIS, A-M., L'agricultrice, Ramsay, Paris, 1982, p. 161.

14 Forum économique mondial, realizing a New Vision for Agriculture: A roadmap for stake holders. Document préparé en collaboration avec McKinsey and Company, Genève, 2010.

sera utilisée cette motorisation, évaluer l'intérêt de son introduction, étudier les conditions de sa mise en œuvre et proposer les niveaux de puissance et les équipements qui semblent les plus adaptés[15].

III.2. La pêche

La pêche dans la rivière Ubangi et d'autres sources d'eau dans la province du Nord-Ubangi est du type coutumier et artisanal. Le Nord-Ubangi malgré sa réputation en ressources halieutiques que constituent ses rivières (Ubangi et Mongala) et leurs affluents, a une production relativement faible.

La pêche se fait souvent la nuit et quelquefois la journée. L'équipage est constitué de conjoints, d'amis, de frères... Ce secteur souffre d'un manque d'intrants de pêche, de la pratique de méthodes artisanales mais aussi et surtout manque d'infrastructures de conservation et de transformation.

Les pêcheurs utilisent principalement les filets maillants, les sennes, les filets dormants, les éperviers, les hameçons... pour la pêche. Certains pêcheurs notamment les femmes, pratiquent l'écopage des mares et des étangs et parfois l'empoisonnement des eaux par des produits chimiques, toxiques ou par des plantes toxiques en vue d'attraper les poissons.

La flottille est constituée de pirogues en bois, propulsées à la pagaie sur les rivières Ubangi et Mongala. La pisciculture est moins pratiquée dans le Nord-Ubangi.

---

15 PIROT, R., La motorisation dans les cultures tropicales, Crad, Montpellier, 1998.p.19.

Figure 6 : Rivière Ubangi **Figure 7** : La traversée de l'Ubangi

III.3. L'élevage

La province du Nord-Ubangi dispose des possibilités de développement du secteur de la production animale. Il faut noter que l'élevage est essentiellement traditionnel et caractérisé par l'abandon de fermes étatiques.

Cette situation résulte des causes ci-après :

- L'encadrement déficient des éleveurs ;
- La pénurie et le coût exorbitant des matériels et produits vétérinaires et zootechniques ;
- L'absence de géniteurs de races améliorées ;
- L'abandon des infrastructures zoo-sanitaires existantes.

D'une manière générale, les animaux ne disposent pas d'abris convenables et sont généralement laissés en divagation, ne recevant ni soins, ni compléments alimentaires. Rares sont les unités d'élevage modernes où les animaux sont logés, nourris, soignés et suivis.

L'élevage le plus répandu dans le Nord-Ubangi est celui des poules indigènes, rustiques, mais mauvaises reproductrices, que l'on retrouve associées aux canards africains.

III.4. Les Transports et voies de communication

a). Voies routières

La province du Nord-Ubangi dispose d'un vaste réseau routier, malheureusement en état très piteux aujourd'hui. Ce réseau permet à la province de relier ses territoires, d'atteindre d'autres provinces (le Bas-Uélé, le Sud-Ubangi et la Mongala).

À partir de la ville de Gbadolite, une route nationale va jusqu'à la province de Bas-Uélé (ex. province orientale) à l'Est via le territoire de Mobayi-Mbongo et Yakoma. On estime à 245 km de distance. De Gbadolite, une route d'intérêt provincial va jusqu'à la ville de Zongo (province du Sud-Ubangi) à l'Ouest via le territoire de Bosobolo et on l'estime à 600 km de distance.

De Gbadolite, on peut également atteindre Lisala (province de la Mongala) au Sud via le territoire de Businga qui est estimé à 340 km de distance. Le tableau 6 ci-dessous reprend les réseaux routiers de la province du NORD-UBANGI avec ses distances respectives.

Tableau 6 : Réseaux routiers et leurs distances

Réseaux routiers	**km**
Routes nationales	
Gbadolite- Businga-Karawa	225
Gbadolite- Yakoma-Munga	245
Total	**470**
Routes secondaires	
Molegbe-Bosobolo-Boyabo	160
Boyabo-Mole	58
Businga-Gumba	100
Yakoma-Abumombazi-Bige	150
Total	**468**
Totaux	**938**

Source : Office des routes/ brigade des travaux d'entretien 304/Gbadolite 2014.

La rareté des routes d'intérêt national bien entretenues, le mauvais état des pistes secondaires et routes d'intérêt local, la destruction des ponts, des bacs et leur manque d'entretien, l'insuffisance du charroi automobile, ferroviaire et fluvial, la pénurie du carburant et des pièces de rechange freinent tout développement du monde rural.

De longues distances dans certains territoires ne permettent pas aux administrateurs de territoire et chefs de secteurs d'être connus de leurs administrés[16].

Figure 8 : Route asphaltée de Gbado

Figure 9 : Le vélo (moyen de transport)

16 MAKALA NZENGU R., Politiques publiques et gestion du secteur agricole et rural en RDC, centre agronomique et vétérinaire tropical, Kinshasa, p. 46.

À cet effet, cette potentialité routière est estimée à 470 km de routes nationales, 468 km de routes secondaires. Malgré ce délabrement accentué par les années de guerre pendant lesquelles aucun entretien n'était plus possible, le réseau présente encore des possibilités de réhabilitation et d'entretien favorables et ce, compte tenu de la topographie et de la présence des matériaux utilisés.

Dans l'ensemble, le réseau asphalté de la province est trop faible. À peine 43 km seulement se répartissant entre l'axe Gbadolite-Mobayi-Mbongo 25 km et l'axe Gbadolite-Kopélé (village) 18 km. Dans ce secteur, les problèmes majeurs qu'on peut énumérer dans le Nord-Ubangi sont les suivants :

- L'impraticabilité de routes, ponts et bacs ;
- L'inexistence du transport en commun.

Les causes de ces problèmes sont légion dont nous énumérons quelques-unes, notamment :

► L'intervention de l'autorité publique tant au niveau du Gouvernement central qu'au niveau provincial n'existe pas ;

► Les brigades de l'Office des routes (OR), de l'Office des voiries et drainages (OVD) et de la direction des voies de desserte agricole (DVDA) ne sont pas équipées ;

► Les investissements privés ou les opérateurs économiques n'interviennent pas dans ce secteur important du fait de l'état de délabrement des routes et du faible pouvoir d'achat de la population pour accéder aux services devant rendre la communication facile dans le Nord-Ubangi.

Pour relever le défi, il est impérieux d'interpeller le gouvernement central et provincial et de recourir aux bailleurs de fonds et autres partenaires pour pouvoir financer et soutenir les entreprises qui œuvrent dans ce secteur en matériels et outils modernes. Il est aussi important d'implanter des brigades routières mécanisées dans la ville de Gbadolite, restructurer l'OR, l'OVD, la DVDA et mettre sur pied dans quatre territoires un programme d'entretien des routes.

b). Voies aériennes

La province du Nord-Ubangi est constituée de l'aéroport international de Gbadolite au village Moanda, d'un aérodrome à Kota-Koli (Ex. Centre d'entraînement commando (CECDO) dans le territoire de Mobayi-Mbongo et d'un aérodrome également à Abumombazi dans le territoire de Yakoma. Le Nord-Ubangi dispose aussi de huit plaines de secours que le tableau 7 ci-dessous

énumère.

Tableau 7 : Plaines de secours et leurs territoires respectifs

N°	Plaines de secours	Territoires
01	Bodangabo	Businga
02	Karawa	Businga
03	Loko	Businga
04	Lombo	Bosobolo
05	Pakalola	Bosobolo
06	Salongo	Yakoma
07	Wasolo	Yakoma
08	Yakoma	Yakoma

Source : Notre recherche (2014)

Note : Vers les années 1966, l'aérodrome de Kota-Koli a été exploité par la compagnie nationale zaïroise (ex. Air-Zaïre) et autres gros porteurs militaires F730 pour le ravitaillement du Centre d'entraînement commando (CECDO).

Les gros porteurs militaires Belges atterrissaient également à tout moment et ce Centre a été géré par les instructeurs commando belges et zaïrois. Ce centre avait connu pour la formation commando les pays suivants :

- Angola ;
- Burundi ;
- République centrafricaine ;
- Congo Brazzaville ;
- Gabon ;
- Tanzanie ;
- Ouganda ;
- Soudan ;
- Rwanda ;
- Togo ;
- Tchad ;
- Zambie, etc.

L'ouverture de ce centre est intervenue en 1965 et il a été fermé pour des raisons purement politiques en 1997 lors du départ du maréchal MOBUTU du pouvoir. Actuellement, la réouverture de ce centre (2015) a commencé par quelques militaires pour des notions d'idéologie.

De 1965 à 1997, CECDO était considéré comme un centre renommé de l'Afrique centrale. La répartition des aéroports et pistes d'atterrissage dans le Nord-Ubangi est reprise dans le tableau 8 ci-dessous.

Tableau 8 : Répartition des aéroports et pistes d'atterrissage dans le Nord-Ubangi

Territoires	**Aéroport international**	**Aérodromes**	**Plaines de secours**	**Observation**
Bosobolo			Lombo Paka lola	Rupture d'exploitation
Businga			Loko Karawa Bodangabo	Rupture d'exploitation
Mobayi-Mbongo		Kota-Koli		Rarement exploité
Yakoma		Abumombazi	Yakoma Wasolo Salongo	Rarement exploité
Gbadolite	Moanda			Exploitation irrégulière

Source : Notre recherche 2014

Les ruptures d'exploitation de ces voies sont justifiées par le départ du maréchal Mobutu et certains dignitaires de son pouvoir depuis 1997. Le trafic aérien reste assez réduit et ne couvre pas l'ensemble de la province.

À part la ville de Gbadolite où seulement la MONUSCO (Mission d'observation des Nations unies au Congo) exploite cet aéroport international, il n'existe actuellement aucune ligne reliant d'autres pistes. Cette irrégularité du trafic aérien s'explique également par l'absence des investisseurs privés.

Quelques compagnies aériennes desservant à partir de Kinshasa sont irrégulières dans leurs services. La pauvreté de la population et le manque d'initiatives privées pourraient également justifier ce faible trafic aérien étant donné que l'investisseur vise la rentabilité et le profit. À cet effet, il est absolument important de relancer les activités d'une compagnie nationale et créer des activités économiques devant attirer les compagnies aériennes dans la contrée.

Figure 10 : Aéroport de Gbado (salon d'honneur).

Figure 11 : Aéroport de Gbado (la tour)

Figure 12 : Aéroport de Gbadolite

c). Voies ferroviaires

Le chemin de fer n'a jamais existé dans le Nord-Ubangi pour permettre ou faciliter l'évacuation des produits agricoles vers le port de Businga et ses environs en carburant et autres produits.

d). Voies fluviales

La province du Nord-Ubangi dispose d'un réseau de voies navigables importantes et surtout longe les rivières Ubangi et Mongala. Ce réseau dispose de plusieurs affluents navigables desservant la presque totalité des secteurs qui présentent un intérêt économique.

À partir de Mobayi-Mbongo, on peut facilement atteindre le territoire de Yakoma à l'Est par la rivière Ubangi et de Mobayi-Mbongo, on peut également atteindre Bangui la capitale de la République centrafricaine (RCA), jusqu'atteindre le fleuve Congo via Sud-Ubangi.

De Businga, l'unique port opérationnel dans le Nord-Ubangi, on peut aussi atteindre le fleuve congo par la rivière Mongala. Quant aux infrastructures portuaires, Businga reste le plus important port du Nord-Ubangi. La rivière Ubangi et Mongala sont les affluents du Fleuve Congo.

1). La rivière Ubangi

Dans la section amont non navigable, la rivière s'appelle MBOMU et reçoit notamment, les eaux des Uélés à partir de Yakoma. De là, la rivière prend le nom d'Ubangi. Elle est navigable de Yakoma à Mobayi-Mbongo et de Mobayi-Mbongo où la centrale hydroélectrique est installée, elle est navigable jusqu'à son embouchure dans le fleuve Congo en passant par la ville de Zongo, poste situé en face de Bangui, la capitale de la RCA.

L'Ubangi présente une longueur de 1.060 km avec un débit qui est de 4000 m^3/s et une superficie du bassin qui est évaluée à 772.800 km^2. En effet, le régime de l'Ubangi est semblable à celui de la Mongala[17].

Le trafic fluvial sur la rivière Ubangi a baissé depuis l'arrêt de l'exploitation des transports fluviaux par une compagnie de transports centrafricaine avec un bateau qu'on appelait Ngouanza et la construction du barrage de Mobayi-Mbongo en 1989. Mais rien n'empêche à un bateau de quitter Kinshasa pour atteindre Mobayi-Mbongo via la ville de Zongo.

L'inexistence de la Régie des voies fluviales (RVF) dans le Nord-Ubangi et d'investisseurs privés sur la rivière Ubangi empêche de résoudre le problème des transports fluviaux. Il est donc nécessaire de restructurer la RVF et de l'implanter à Mobayi-Mbongo en vue de réaliser les travaux de dragage et balisage.

- **Des inquiétudes sur son dessèchement dans la région**

On rappelle que le fleuve Congo et ses affluents, dont la rivière Ubangi connaissent actuellement leur pire baisse de niveau d'eau jamais enregistrée depuis l'année dernière. Selon la Régie des voies fluviales (RVF), la faible pluviométrie constatée ces derniers mois serait à la base de cette situation.

On rappelle également que certaines études avaient démontré que le fleuve Congo et ses deux grands affluents (les rivière Ubangi au nord et Kasai au sud) dont le bassin

---

[17] LEDERER, A., L'Exploitation des affluents du Zaïre et des ports de l'intérieur de 1960 à 1979, classe de sciences techniques, Ns, XVII-6, Bruxelles, 1973 , p.9.

reste encore riche en biodiversité, sont en grande partie tributaires de la forêt.

Ces études avaient exprimé des craintes quant aux conséquences non encore mesurées sur l'écosystème forestier du Nord-Ubangi en particulier et de la RDC en général, au cas où l'on déciderait de transférer l'eau de cette région vers le lac Tchad (en plein désert) conformément au vœu exprimé lors du 13e sommet ordinaire des chefs d'État et de gouvernement de la commission du bassin du lac Tchad, tenu le 1er novembre à Ndjamena, en République tchadienne.

À cet effet, toute la communauté nord-ubangienne en particulier et de la RDC en général exprime le vœu de ne pas avoir ce projet réalisé sinon… Il s'avère nécessaire qu'une équipe d'experts puisse faire l'évaluation de la situation de la rivière Ubangi afin d'apporter une solution palliative. Il faut une forte mobilisation non seulement pour ce transfert mais également pour faire prendre conscience à la population des environs de la nécessité au reboisement.

Nous estimons que le déboisement et le réchauffement climatique seraient à la base du dessèchement de cette rivière qu'on est en train de constater aujourd'hui.

2). La rivière Mongala

La **Mongala** est une rivière, affluent du fleuve Congo, en République démocratique du Congo. La rivière traverse les territoires de Lisala, Budjala, et Businga. La rivière est navigable sur 329 km d'avril à décembre. Sa crue minimum est de 1, 30 m et sa décrue est de 1 m.

Elle est formée des eaux d'Ebola (eau blanche), de Guge, Loba, Liango , Kambe , Dwa ou Dua (eau noire) Kabe , Yowa, d'Eredika , Lokame , Loko , Legbala , Zulu , Motima, Mokabi , d'Etepo, de Sumbu , Banga, et Melo.

III.5. L'eau

Bien que la RDC détienne une ossature hydrologique très importante, l'on note un manque d'eau potable dans la quasi-totalité des provinces. Les enfants mineurs sont astreints aux travaux forcés d'approvisionnement en eau que l'on trouve à des très longues distances.

Cela explique la présence des épidémies fréquentes qui envahissent le peuple (choléra, fièvre typhoïde, verminose, diphtérie, dysenterie etc., qui sont des maladies d'origine hydrique). S'approvisionner en eau potable devient par ricochet une sérieuse contrainte (au même titre que les travaux des champs, le transport et la transformation des produits[18]).

La province du Nord-Ubangi regorge de plusieurs sources d'eau y compris la rivière Ubangi où 600 km de long sont occupés par la population. Mais l'accès à une source d'eau de qualité demeure problématique dans l'ensemble de la province. Les populations les plus exposées sont celles habitant le long des cours d'eau, dans les villages riverains, comme dans les campements des pêcheurs.

Elles ne prennent que de l'eau des rivières à l'état brut sans aucun traitement préalable minimum, notamment la chloration. Dans les villages, les populations ont des difficultés pour s'approvisionner en eau potable faute d'un système d'adduction d'eau opérationnel répondant aux normes et exigences agréées.

Quant aux autres milieux ruraux, différents des riverains, certaines populations recourent aux sources qui ne sont pas aménagées et parcourent généralement 3 km. La régie de

---

[18] MAKALA NZENGU, R., *op.cit.*, p.44.

distribution d'eau (REGIDESO) est organisée seulement dans la ville de Gbadolite.

- **Régie de distribution d'eau « REGIDESO » de Gbadolite**

Géographiquement parlant, le bureau administratif de la REGIDESO Gbadolite se trouve dans la commune de Gbadolite, sise avenue du 24 novembre n° 02 dans la ville de Gbadolite. Elle a une usine d'épuration et un château d'eau.

La Régie de distribution d'eau « REGIDESO » en sigle est une entreprise publique à caractère technique, industriel et commercial suivant l'ordonnance n° 78-197 du 5 mai 1978 portant statut de la REGIDESO. Par l'ordonnance n° 08/007 du 7 juillet 2008, elle change son statut pour celui d'une entreprise publique à caractère commercial.

À Gbadolite, la REGIDESO est un centre avec une station à Kawele (village) et dépend de la direction provinciale de l'ancien Équateur à Mbandaka. Elle a comme code : Gbadolite 03510 et Kawele 03511.

Historiquement, la REGIDESO est une entreprise de l'État congolais à caractère industriel et commercial dotée de la personnalité juridique et placée sous la tutelle du ministère de l'Energie (tutelle technique) et du ministère du Portefeuille (tutelle financière).

Du point de vue historique, la REGIDESO/Gbadolite a un centre qui a été créé en janvier 1977 sous les auspices du CDAI (Centre de développement agricole et industriel), un centre pilote qui s'occupait de l'exploitation de l'eau et de l'électricité. Leur gestion fut scindée en 1979 et marqua la passation du CDAI à la REGIDESO par l'arrivée de Monsieur NGOY KITENGE, chef du centre REGIDESO. La succession des autorités est présentée dans le tableau 9 ci-dessous.

Tableau 9 : Succession des autorités de la REGIDESO de 1979-2006.

N°	Chef de centre	Années
O1	Ngoy Kitenge	1979-1981
O2	Kalonji Kenga	1981-1985
O3	Nzita Makanitoto	1985-1990
O4	Dibata Ngoy	1990-1998
O5	Ilunga Mubengay	1998-1999
O6	Magbolo Babu	1999-2005
O7	Agamaka Willy	2005-2006
O8	Gbiawa Epasu Honoré	2006-

Source : REGIDESO/Gbadolite 2014

Le 26 octobre 1982 marque l'achèvement de la construction de la nouvelle usine de traitement d'eau qui a une capacité de production de 7.500 m^3/jour et fut inaugurée par feu le Président de la République du Zaïre, le maréchal MOBUTU SESE SEKO en présence de son homologue guinéen, le Président OBIANG NGUEMA de Guinée équatoriale. Depuis 2004 jusqu'à ce jour, la REGIDESO ne garde pas ses abonnés constants.

À cause de l'enclavement de la ville de Gbadolite, la REGIDESO/Gbadolite éprouve des difficultés pour son approvisionnement en produits de traitement d'eau (Sulfate d'alumine, chaux et chlore). Cela se justifie tout simplement par un manque de volonté politique.

Nous observons que cette situation a comme cause, également, l'absence d'une politique de conservation et de gestion de l'eau. Notons en plus que la REGIDESO, qui est la principale entreprise habilitée à assurer la distribution d'eau, éprouve d'énormes difficultés :

- Dans la ville de Gbadolite, la situation de captage et d'épuration de l'eau est devenue vétuste ;
- Le réseau de distribution d'eau n'atteint pas les centres les plus éloignés ;
- Les conduites et canalisations sont rouillées ;
- Les produits d'entretien connaissent des ruptures de stocks d'intrants et surtout un manque continu ou arrêt brusque de la centrale hydroélectrique de Mobayi-Mbongo mettent la population de Gbadolite qui est alimentée par ce barrage dans une situation insupportable ;
- Les consommateurs sont incapables de régler leurs factures lassant aussi la REGIDESO avec un compte client douteux de plusieurs millions de francs congolais.

S'agissant des milieux qui sont desservis par des puits avec pompes installées par la Croix-Rouge, CDI/BWAMANDA et autres, la plupart des pompes ne sont pas opérationnelles, faute d'entretien. De nos jours, l'eau potable est et reste le bien indispensable pour la vie de l'homme et de l'humanité.

Vers la fin du XXe siècle, plusieurs colloques et conférences ont été organisés pour que l'eau soit accessible à toutes les couches de la population en vue d'améliorer la qualité de la vie et de développer l'industrie et l'agriculture.

Ces conférences sur l'eau ont rendu les décideurs plus sensibles aux problèmes liés à l'eau potable. Selon l'objectif O7 du millénaire du développement et les différents domaines à savoir : « Assurer un environnement durable, réduire de moitié le pourcentage de la population privée d'un accès régulier à l'eau potable et des conditions sanitaires convenables[19]. »

L'eau distribuée doit répondre en permanence aux exigences de qualité sanitaire exprimées par la réglementation. L'eau doit également satisfaire aux attentes des consommateurs en matière de goût et de dureté. Aujourd'hui, ce n'est pas encore le cas[20].

La REGIDESO/Gbadolite a l'obligation d'améliorer la qualité gustative de l'eau distribuée dans la ville de Gbadolite afin que sa qualité sanitaire soit mieux perçue par les consommateurs. Les solutions consisteraient à la réhabilitation des stations de production d'eau au forage des nouveaux puits (par l'acquisition des engins de forage) et l'aménagement des sources.

Donc, le Nord-Ubangi a des potentialités énormes en eau, car les cours d'eaux sont répandus un peu partout.

III.6. L'énergie électrique

Le Nord-Ubangi a un atout pour électrifier l'ensemble de la province et pourquoi pas la province de la Mongala et celle du Sud-Ubangi du fait de la présence du barrage (centralehydroélectrique) de Mobayi-Mbongo avec 11,4 MW de puissance installée.

À part ce barrage, il dispose également d'une microcentrale privée à Karawa (Territoire de Businga).

---

19 KASONGO, P., L'eau un des facteurs d'éradication de la pauvreté, Kinshasa, Medias Paul, 2006, p.76.

20 LYONNAISE DES EAUX., Qualité de l'eau et protection de l'environnement, volume, Eau et patrimoine, France, Septembre 2002, p.1.

- **La centrale hydroélectrique de Mobayi-Mbongo**

Historiquement, la centrale hydroélectrique de Mobayi-Mbongo a été construite par les compagnies CEF ; SAFRICAS ; ACEC (Atelier de construction électrique Charles Roi) et ENERGOINVEST (compagnie yougoslave). Toutes ces sociétés étaient des compagnies internationales de construction.

La CEF et SAFRICAS étaient sur la construction de l'ouvrage ; l'ACEC s'occupait de l'installation des machines et ENERGOINVEST était chargée de construction de lignes haute tension de Mobayi-Mbongo à Gbadolite.

C'est à la date du 24 novembre 1989 que ce barrage fut inauguré par l'ex. Premier ministre Léon Kengo Wa Dondo.

Ce barrage avait comme objectif d'avoir trois phases, notamment :

- La première phase (réalisée) fut construite avec trois machines dont chacune comportait 3, 5 MW ;
- La deuxième phase (non réalisée) avait pour projet d'avoir cinq machines de plus et
- La troisième phase avait pour souci de jeter un pont mobile qui pourrait relier la RCA avec la RDC. Hélas ! seulement la première phase a été réalisée et éclaire ou alimente Mobayi-Banga, chef-lieu de la préfecture centrafricaine de basse Koto sur l'autre rive de l'Ubangi, Mobayi-Mbongo et la ville de Gbadolite en RDC.

Les deux autres phases sont restées inachevées. Actuellement, la première phase qui comportait trois machines n'est restée qu'avec une seule qui est fréquemment en panne, laissant parfois la population dans une situation chaotique qui présente des dégâts très énormes du point de vue de l'environnement.

Figure 13 : Barrage de Mobayi-Mbongo

Depuis la mort du maréchal du Zaïre, Mobutu Sese Seko en 1997 au Maroc, les deux autres projets sont restés inachevés. C'est grâce à lui que ce barrage fut construit et c'était pour alimenter sa ville natale de Gbadolite et promouvoir le développement de la contrée.

Ces deux projets restants allaient faciliter le développement du Nord-Ubangi. Bumba et Lisala dans la province de la Mongala devaient être électrifié par ce barrage ; Gemena et la ville de Zongo pourraient bénéficier de ce courant électrique et le pont mobile allait transformer la cité de Mobayi en un port international qui devait véritablement générer des recettes en faveur de la province. Ce barrage a connu respectivement les chefs dont les noms sont repris dans le tableau 10 ci-dessous.

Tableau 10 : Les chefs de barrage de Mobayi-Mbongo de 1990 à 2010

N°	NOMS	ANNEES
01	Kazadi Tshunza	1990-1991
02	Engunda Lambert	1991-1997
03	Alipacu Jean	1997-2005
04	Chirimwami Rwuzibuka	2005-2010
05	Bekolo Bertin	2010-

Source : SNEL/Gbadolite 2014

De 1997 à ce jour, ce barrage a connu un sérieux problème, celui de sa gestion technique et de son entretien due au manque de volonté politique. On ne l'assiste pas en temps réel en cas de panne.

Le barrage de MOBAYI- MBONGO est un potentiel de développement certain et susceptible de faciliter l'alimentation de la population en eau potable et des entreprises susceptible d'apporter le développement. Un plan de réhabilitation mis en place par la SNEL pour améliorer, moderniser lesdites machines pour un coût de ± 20 millions USD susceptibles de desservir, tarde à venir pour la matérialisation.

En dehors des institutions étatiques, il faut alors tendre la main aux institutions de Bretton Woods pour le renforcement des capacités en vue de matérialiser ce projet et un lobbying de leaders politiques du terroir serait indispensable.

III.7. Mines

Après la première reconnaissance du fleuve Zaïre (Congo) par Stanley et ses collaborateurs entre 1879 et 1884, la Mongala (rivière) inférieure est explorée par Grenfell et Coquilhat. À la même époque, Hanssens reconnaît l'embouchure de la rivière Ubangi.

L'exploitation de l'Ubangi se fera par étapes successives. Grenfell remonte la rivière jusqu'aux rapides de Zinga (Batanga en RCA) en 1884-1885 ; Vangele et Lienart explorent ensuite les rives de la rivière jusqu'aux rapides de Zongo en 1886 puis remontent le cours supérieur de cette dernière jusqu'à Yakoma en 1887-1888[21].

C'est à cette époque que l'Uélé et le Mbomu sont explorés. En 1934, dans une publication basée sur l'étude de rapports de prospection de la société forminière, Asselberghs signale la grande extension de ces grés occasionnant des reliefs continus et des crêtes élevées.

Il en conclut que les grés de Bosobolo et de Gemena couvrent la plus grande partie de la région située à l'intérieur de la boucle de l'Ubangi. En 1935, B. Aderca publie une note préliminaire sur la géologie du district du Congo Ubangi à la suite des itinéraires de prospection qu'il a effectués de 1933 à 1935 dans la région pour le compte de la compagnie minière du Congo belge (MINCOBEL)[22].

En effet, les résultats de ces explorateurs sur les minerais dans la région de l'Ubangi Nord n'étaient pas bien détaillés.

---

21 WALTER, J., Mission Équateur, 4e campagne 1973, travaux de détail, 1er partie, diamant, rapport BRGM n° 73, kin 005.

22 DELANGE., Mission Équateur, 3e Campagne 1971-1972, annexe III, prospection Diamant 1972, secteur Bodangabo-Gbosasa n° 72, kin 008.

À travers leurs prospections, les matières suivantes (disthène, rutile, magnétite, monazite, anatase, tourmaline, limenite, chalcopyrite, cupute...) ont été signalées or, le diamant a été clairement identifié dans presque tous les territoires du Nord-Ubangi.

Vers les années 1990, les géologues congolais et originaires de la contrée commencèrent leurs prospections et les résultats ont été favorables. Le Nord-Ubangi a un scandale géologique de l'ancienne province de l'Équateur. On notera la présence de l'or, du diamant, des calcaires cristallés, des oxydes de fer, du coltan, du cuivre, du cobalt et d'autres minerais non encore identifiés.

Grâce à la prospection de l'ingénieur TEMBAMBO (Requiescat in pace), géologue formé de l'Université de Lubumbashi (UNILU) Kota-Koli dans le territoire de Mobayi-Mbongo est déclaré premier site diamantifère à être exploité dans le Nord-Ubangi d'une manière artisanale en 1996.

Les résultats de la prospection se présentent dans le tableau 11.ci-dessous.

Tableau 11 : Minerais identifiés dans le Nord-Ubangi

Territoires	Minerais	Observation
Bosobolo	Or, diamant et l'indice de coltan	Non encore exploités
Businga	Or et diamant	Diamant déjà exploité à Gbosasa au Nord de Bodangabo
Mobayi-Mbongo	Or, diamant et oxyde de fer	Diamant déjà exploité à Kota-Koli et Vote
Yakoma	Or et diamant	Or en exploitation dans le secteur Wapinda
Gbadolite	Diamant	Non encore exploité

Source : Service des mines/ Nord-Ubangi 2014

Reconnaissant l'impact et le potentiel significatifs de l'exploitation artisanale du diamant dans le rôle de la croissance économique du pays, l'État congolais a compris la nécessité de mettre en place une structure d'encadrement. C'est ça qui explique l'élaboration d'un code minier et la création du SAESSCAM[23].

L'industrie artisanale d'exploitation de gisements de diamant de Kota-Koli et l'or de Wapinda comporte un grand nombre de négociants.

- **Service d'assistance et d'encadrement du Small escale mining « SAESSCAM »**

Il est créé par décret présidentiel n° 047-C du 28 mars 2003 et a pour mandat de :

► Promouvoir l'émergence d'une classe moyenne congolaise dans le secteur de la petite mine ;

► Assurer la formation et apporter l'assistance technique et financière aux coopératives minières et aux exploitants du secteur de la petite mine en vue de renforcer leur capacité[24].

- **Les sites opérationnels**

Dans le Nord-Ubangi, on a enregistré deux principaux sites, dont :

- **Le site d'exploitation du diamant de Kota-Koli ;**
- **Le site d'exploitation de l'or de Wapinda.**

Le bureau du SAESSCAM a énuméré ces sites dans les tableaux 12 et 13 ci-dessous.

---

23 Journal officiel de la République démocratique du Congo sur la criminalité et la justice, 1er novembre 2003 p.4.

24 Journal officiel, *op.cit.*, p.4.

Tableau 12 : Bureau de Kota-Koli (axe Dondo et Vote)

N°	Les sites	Distance par rapport au bureau du SAESSCAM
01	Paki wele	27 km
02	Paki reward	28 km
03	Paki Israël	25 km
04	Paki Oscard	27 km
05	Zoro-zoro	35 km
06	Zubu	42 km
07	Ndoimba	15 km
08	Gengelete	07 km
09	Dumutu	05 km
10	La charité	07 km
11	Canada	04 km
12	Ngunganze	11 km
13	Kembo	07 km

Source : Bureau SAESSCAM/ Gbadolite 2014

Tableau 13 : Bureau de Yakoma (axe Wapinda)

N°	Les Sites	Distance par rapport au bureau du SAESSCAM
01	Mopodi 1	125 km
02	Mopodi 2	122 km
03	Mopodi 3	130 km
04	Mopodi 4	128 km
05	Mopodi 5	135 km
06	Mopodi 6	120 km
07	Mopodi 7	115 km

08	Mopodi 8	135 km
09	Mazaza	75 km
10	Konda 1	135 km
11	Konda 2	138 km
12	Kama	80 km
13	Abuzi	90 km
14	Gata	30 km
15	Gbogbe	36 km
16	Lidobozo	83 km
17	Ngunganze	135 km
18	Ebola	96 km

Source : Bureau SAESSCAM/Gbdo-lite 2014.

III.8. La santé

La province du Nord-Ubangi dispose de onze (11) hôpitaux généraux de référence (HGR) ; de 169 centres de santé et 3 autres structures ou projets de santé qui ont 41 médecins dont 6 femmes médecins selon la statistique de la province sanitaire de 2014-2015.

Le tableau 14 ci-dessous nous donne l'état des lieux du secteur sanitaire du Nord-Ubangi.

Tableau 14 : Nombre de centres de santé par HGR

Territoires	HGR	Nombre de centres de santé
Bosobolo	Bili	17
	Bosobolo	20
Businga	Businga	13
	Loko	15
	Karawa	24
Mobayi-Mbongo	Mobayi-Mbongo	17
Yakoma	Abumombazi	14
	Wapinda	11
	Wasolo	13
	Yakoma	12
Ville de Gbadolite	Gbadolite	13

Source : province sanitaire du Nord-Ubangi 2014

L'état des lieux de ce secteur donne un résultat très négatif du fait qu'en général, le personnel œuvrant en zones rurales est en chômage déguisé quelle que soit sa qualité. Pour un mal bénin, il conseille à quiconque ayant des moyens de bien vouloir rejoindre la ville.

Bien que le gouvernement de la RDC ait la vision de faire de la RDC un grenier agricole, le problème de la malnutrition reste encore criant parmi les enfants de moins de 5 ans, tant dans la ville de Gbadolite qu'en milieu rural. Cela s'explique par le faible effort mené par le gouvernement pour la prise en charge adéquate de la malnutrition infantile et même pour l'amélioration du niveau de sécurité alimentaire dans les ménages.

La lutte contre la malnutrition, qui est le premier des objectifs du millénaire pour le développement (OMD), appelle à une action synergique entre le secteur de la santé et les autres secteurs, notamment l'agriculture, le développement rural et l'éducation.

Parmi les principales causes de décès maternel, l'hypertension, les hémorragies pendant et après accouchement reviennent le plus souvent. Cela signifie qu'il y a encore beaucoup d'efforts à faire dans la province du Nord-Ubangi pour améliorer la prise en charge des femmes pour réduire au maximum le risque de décès en donnant naissance. Il n'est pas acceptable de perdre la vie en donnant la vie

La province du Nord-Ubangi continue à faire face à certaines épidémies comme la fièvre typhoïde, la rougeole... Le paludisme, la tuberculose et le VIH/SIDA restent aussi des préoccupations majeures qui affectent la santé de la population nord-ubangienne.

Les malades ne pouvant se rendre en ville sont surtout internés pour attendre patiemment leur décès. L'état de la totalité des formations médicales situées dans les milieux ruraux reste vétuste et désuet.

Le constat général concerne non seulement l'architecture extérieure des bâtiments, mais aussi les équipements et les matériels rudimentaires nécessaires aux soins les plus courants de la médecine. Dans la plupart des cas, ces infrastructures tombent en ruines, les équipements et matériels accessoires faisant cruellement défaut. Certaines zones de santé en milieu rural n'existent que dans l'esprit de leurs créateurs.[25].

---

[25] MAKALA NZENGU, R., *op.cit.*, p.45.

La plupart des HGR construits à l'époque coloniale accusent, en effet, un état de délabrement fort avancé. C'est notamment le cas des HGR de Mobayi-Mbongo, Bosobolo, Businga, etc.

Cependant, l'absence totale de financement des soins médicaux, voire le non-paiement des salaires du personnel médical, fait que tout individu voulant accéder aux hôpitaux publics doit assumer entièrement les coûts d'une hospitalisation. Cet état de choses a conduit à des pratiques extrêmes. Faute d'avoir pu verser une caution d'entrée, beaucoup de malades sont décédés hors hôpital.

Les patients ont par ailleurs attendu plusieurs semaines, voire des mois, pour être opérés faute de pouvoir se procurer ou payer le matériel nécessaire à l'opération. Faute des moyens financiers, la large majorité des malades se rabat sur les petits dispensaires gérés par certains médecins généralistes. Dans les villages, la population n'a d'autre choix que la médecine traditionnelle ou s'adonne à l'automédication (risque d'intoxication). Plusieurs malades s'adonnent aux pratiques fétichistes et occultes, voire même à des séances de prière intense et aux guérisons miracles.

Le taux élevé de décès enregistrés reflète bien la précarité de la situation sanitaire dans le Nord-Ubangi. Jusqu'à présent, le niveau de réalisation des objectifs du millénaire pour le développement (OMD) liés au secteur de santé pose encore un problème sans précédent dans le Nord-Ubangi. Les causes principales sont :

◊ L'inaccessibilité économique et géographique des services de santé de qualité ;

◊ La répartition inéquitable des structures existantes au détriment des contrées rurales ;

◊ Une pauvreté extrême de la plupart des ménages ;

◊ Le délabrement et l'insuffisance des infrastructures sanitaires adéquates ;

◊ Les soins d'urgence préhospitaliers des malades ou blessés n'existent pas dans le Nord-Ubangi, pourtant, les techniciens d'urgence médicale jouent un rôle essentiel dans le système de santé.

Leurs compétences dans le domaine de soins préhospitaliers peuvent sauver des vies ou pour le moins atténuer la gravité des blessures accidentelles ou des effets de la maladie. La salle où reposent momentanément les personnes décédées (Morgue) vient de s'ouvrir avec une petite capacité (six compartiments) à l'hôpital général de référence de Gbadolite depuis que cet hôpital existe. Le premier cadavre (corps) qui a fait l'ouverture de cette morgue est celui de l'épouse d'un certain magistrat de la ville de Gbadolite à la date du 22 août 2012. Pendant que le barrage de Mobayi-Mbongo éclaire le HGR de Mobayi-Mbongo 24/24 heures, il n'y a pas des raisons de ne pas installer la morgue d'une grande capacité qui doit servir la contrée.

Surtout que le HGR de Mobayi-Mbongo dispose d'une infrastructure adéquate avec autant de bâtiments que de pavillons disponibles qui ne sont pas équipés. Néanmoins, les dotations budgétaires affectées à la santé pour le Nord-Ubangi doivent être augmentées en vue de relever le défi. En plus, il est important d'approvisionner les structures médicales en médicaments essentiels, en intrants de laboratoire et équipements médicaux pour donner des soins de qualités à la population nord-ubangienne

Figure 14 : le HGR de Mobayi-Mbongo

Figure 15 : le HGR de Mobayi-Mbogo (bureau)

III.9. Les médias

La constitution de la RDC à son article 24 donne aux Congolais le droit à l'information.

Le Nord-Ubangi reste encore sous-informé des grandes questions qui touchent à la vie ; des événements et/ou changements intervenus au pays ; des provinces ; des territoires, etc. La population a une faible accessibilité à l'information occasionnant ainsi le recours à la radio trottoir.

Le Nord-Ubangi ne dispose d'aucune chaîne de télévision, ni de journal de la presse écrite. On note seulement certaines radios privées dont :

- La radio liberté du MLC (Mouvement de libération du Congo) dans la ville de Gbadolite ;
- La radio rurale de Bili et la radio de l'unité de Bosobolo dans le territoire de Bosobolo ;
- La radio Mobayi Londo de Monsieur Koyagialo (paix à son âme) et la radio la fraternité à Mobayi centre ;
- La radio le Rocher de Monsieur DEU Roger (député provincial de l'Équateur) à Kota-koli dans le territoire de Mobayi-Mbongo ;
- La Radio liberté du MLC à Yakoma et la radio communautaire (don de la Monusco) à Yakoma dans le territoire de Yakoma ;
- La radio liberté du MLC et la radio Kimya à Karawa dans le territoire de Businga y compris la radio Ozana (de l'ex. député national) ;
- La radio communautaire à Abumombazi dans le territoire de Yakoma.

Ces radio privées et communautaires émettent en modulation de fréquence (FM) avec un rayon de couverture et un temps d'émission très réduits. Pendant que le 21e siècle est caractérisé par la mondialisation et la globalisation, la population du Nord-Ubangi n'a pas accès aux nouvelles technologies de l'information et de la communication (NTIC).

Les médias communautaires sont des médias adaptés de façon à pouvoir être utilisés par la communauté, à des fins dont la communauté elle-même décide[26]. Ce sont des médias auxquels les membres de la communauté ont accès quand ils le désirent…

Nous dénombrons un seul cyber café (Internet) dans la ville de Gbadolite et c'est l'unique cyber café pour le Nord-Ubangi. Les sociétés de télécommunication sont installées seulement dans la ville de Gbadolite ; à Mobayi –Mbongo (dans sa partie Est et centre) ; dans le territoire de Yakoma (Yakoma centre et Abumombazi) et territoire de Businga dans sa partie Ouest (Karawa).

Ces sociétés sont notamment : Vodacom, Airtel et Orange.

Par ailleurs, la RENATELSAT a été installée dans la ville de Gbadolite depuis l'époque du Président de la République du Zaïre, le maréchal Mobutu Sese Seko et pour des raisons véritablement politiques, celle-ci n'émet que des images de la RTNC (Radiotélévision nationale congolaise) et de la télévision Digitale Congo d'obédience Présidentielle.

La répartition des stations de radio dans le Nord-Ubangi est présentée dans le tableau 15 ci-dessous.

Tableau 15 : Répartition des stations de radio dans le Nord-Ubangi

Territoires	Radio	Lieu d'installation
Bosobolo	Radio rurale de Bili	Bili
	Radio de l'unité de Bosobolo (RUBO)	Bosobolo
Businga	Radio liberté	Karawa
	Radio Ozana	Businga
	Radio Kimya	Karawa

26 BERRGAN, F.J., Les médias communautaires et le développement, UNESCO, mai, 1979, p.6.

Mobayi-Mbongo	Radio le Rocher	Kota-Koli
	Radio Mobayi Londo	Mobayi centre
	Radio la Fraternité	Mobayi centre
Yakoma	Radio liberté	Yakoma centre
	Radio communautaire	Yakoma centre
	Radio communautaire	Abumombazi
Ville de Gbadolite	Radio liberté	Ville de Gbadolite

Source : Notre recherche (2014)

Les sociétés des télécommunications sont énumérées dans le tableau 16 Ci-dessous.

Tableau 16 : Répartition des sociétés de télécommunications dans le Nord-Ubangi

Territoires	**Cyber- café**	**Sociétés**	**Lieu d'installation**
Bosobolo	-	Vodacom	Bosobolo centre
Businga	-	Vodacom	Karawa
Mobayi-Mbongo	-	Orange	Mobayi centre
		Vodacom	Kota-Koli
Yakoma	-	Vodacom	Yakoma centre
		Vodacom	Abumombazi
Ville de Gbadolite	**01**	Airtel	Ville de Gbadolite
		Vodacom	
		Orange	

Source : Notre recherche (2014)

L'information aux programmes de formation des paysans en ce qui concerne l'agriculture est quasiment absente. C'est souvent uniquement par l'intermédiaire de quelques rares voyages des opérateurs économiques que la base reçoit quelques informations souvent déformées, grossières ou vidées de leur contenu primaire[27].

---

27 MAKALA NZENGU, R., *Op.cit.*, p.45

Pourtant, l'information joue un rôle important dans le renforcement des capacités humaines et la lutte contre la pauvreté. Le NORD-UBANGI souffre de carences énormes en matière d'information. D'où il est impérieux d'entreprendre des démarches en vue d'avoir des investissements pour développer ce secteur. Pour relever le défi, il est important d'améliorer l'accès du public à l'information utile au développement. Comme investissement à réaliser, il s'agit :

- D'implanter des stations de radio de proximité ;
- D'installer des clubs d'écoute à travers les territoires.

III.10. L'enseignement

Nous pouvons affirmer que le progrès social dépend en premier lieu de la croissance économique. L'éducation de base est le premier objectif d'un plan de développement. Le manque d'infrastructures scolaires pour l'éducation se fait tout autant sentir que l'inadaptation de la formation dispensée.

En effet, aucun effort de professionnaliste n'est entrepris au niveau de l'enseignement primaire et secondaire. Le système d'enseignement reste encore orienté vers la formation générale. Il ensuit une pénurie des cadres intermédiaires et d'exécution aptes à assurer le rôle d'entrepreneurs de développement dans le milieu rural du Nord-Ubangi. Il n'existe plus dans ce milieu rural d'artisans comme autrefois tels que : cordonniers, menuisiers, ébénistes, forgerons, maçons… qui devraient constituer les premiers noyaux vers l'industrialisation[28].Un analphabète est un esprit sous-alimenté. Savoir lire et écrire, acquérir une formation professionnelle, c'est

---

[28] *Idem*

reprendre confiance en soi et découvrir que l'on peut progresser avec les autres[29].

a). Enseignements primaire, secondaire et professionnel (EPSP)

Le Nord-Ubangi compte, pour l'année scolaire 2011-2012, 63 écoles maternelles, 817 écoles primaires et 478 écoles secondaires qui donnent un total de 1 .358 écoles, dont l'école non conventionnée,les conventionnée et privée agréee.

Figure 16 : Les écoliers

Ainsi, chaque année, l'inspection provinciale de l'EPSP (Équateur V) verse sur le marché de l'emploi plus au moins 4000 diplômés d'État. Dans le Nord-Ubangi, l'EPSP est structuré en division provinciale, inspection, la SECOPE, etc.Les données statistiques de l'année scolaire 2011-2012 se présentent de la manière suivante :

---

29 « Le développement des peuples » (populorum progressio), lettre encyclique de Sa Sainteté le pape Paul VI, Kinshasa (librairie St. Paul) 1997, p.21.

◊ 1.358 écoles de différents régimes ;

◊ 225 .637 effectifs d'élèves dont 87.392 filles et

◊ 10.887 enseignants dont 1.O54 enseignantes.

Ces données statistiques par niveau et par réseau pour l'année scolaire 2011-2012 sont détaillées dans le tableau 17 ci-dessous.

Tableau 17 : Données statistiques par niveau et par régime de 2011-2012

Régime	Nombre des écoles			
	Maternelle	**Primaire**	**Secondaire**	**Total**
N.C	12	289	191	492
C.C	20	238	122	380
C.P	08	211	106	325
C.K	03	39	29	71
C.I	05	18	14	37
P.A	15	22	16	53
Totaux	**63**	**817**	**478**	**1358**

Source : Division provinciale de l'EPSP, Équateur V /Gbadolite 2012

Tableau 18 : Effectifs des élèves et enseignants par régime

Régime	Effectifs des élèves		Enseignants	
	Garçons	**Filles**	**Hommes**	**Femmes**
NC	88.540	35.803	3.999	339
CC	69.758	24.603	4.048	414
CP	47.244	18.742	1.848	148
CK	8.283	2.899	268	37
CI	3.628	1.710	304	29
PA	8.184	3.635	420	87
Totaux	**225.637**	**87.392**	**10.887**	**1.054**

Source : Division provinciale de l'EPSP, Équateur V/Gbadolite 2011

Les filières organisées ne reflètent pas la réalité socio-économique du milieu. Le faible pourcentage d'offres de formation sur les métiers liés au bois (exploitation, transformation, transport en milieu difficile) est très certainement préjudiciable au bon développement économique de cette province éducationnelle. Pour que ces besoins socioprofessionnels soient en adéquation avec la formation, les filières suivantes seraient à développer : *agroforesterie, menuiserie (à renforcer), mécanique agricole et industrielle, transports routiers et fluviaux, agroalimentaire, nutrition, pêche et navigation, agropastoral, électricité*.... La province éducationnelle de l'Équateur V est composée des sous-divisions suivantes : Ville de Gbadolite, Bosobolo, Businga, Karawa et Yakoma[30]. La répartition des écoles techniques en Équateur V est détaillée dans le tableau 19 ci-dessous.

Tableau 19 : Répartition des écoles techniques en Équateur V.

Sous-divisions	Effectifs	%
Bosobolo	12	10,81
Businga	18	16,22
Gbadolite	23	20,72
Karawa	20	18,02
Yakoma	38	34,23
Total	**111**	**100**

Source : Annuaire ETFP 2011-2012

30 Annuaire 2011-2012 de l'Enseignement technique et de la formation professionnelle (ETFP), p.98.

Tableau 20 : Répartition des filières en Équateur V

Filières	**Effectifs**	**%**
Commerciale et administrative	32	24,24
Agriculture	28	21,21
Sociale	25	18,94
Menuiserie	11	8,38
Coupe et couture	08	6,06
Vétérinaire	05	3,79
Mécanique générale	05	3,79
Mécanique auto	05	3,79
Construction	05	3,79
Electricité	04	3,03
Nutrition	02	1,52
Maçonnerie	01	0,76
Secrétariat	01	0,76
Total	**132**	**100**

Source : Annuaire ETFP 2011-2012

Nous avons 111 écoles techniques organisées dans cette province éducationnelle dont 38 dans la sous-division de Yakoma (soit 34,24 %) ; 23 à Gbadolite (soit 20,72 %) et 20 à Karawa (soit 18,02 %). La répartition des filières techniques dans les sous-divisions est détaillée dans les tableaux 21et 22 ci-dessous.

Tableau 21 : Répartition des filières dans la sous-division de Bosobolo.

Filières	**Effectifs**	**%**
Commerciale et administrative	04	30,77
Sociale	04	30,77
Agriculture	02	15,38
Vétérinaire	02	15,38
Menuiserie	01	7,69
Total	**13**	**100**

Source : Annuaire ETFP 2011-2012

Tableau 22 : Répartition des filières techniques dans la sous-division de Businga

Filières	**Effectifs**	**%**
Agriculture	06	30
Commerciale et administrative	05	25
Sociale	05	25
Vétérinaire	01	05
Nutrition	01	05
Mécanique auto	01	05
Menuiserie	01	05
Total	**20**	**100**

Source : Annuaire ETFP 2011-2012

Tableau 23 : Répartition des filières techniques dans la sous-division de Gbadolite

Filières	**Effectifs**	**%**
Commerciale et administrative	03	36
Sociale	03	12
Electricité	02	12
Mécanique générale	02	08
Menuiserie	02	08
Coupe et couture	01	04
Agriculture	01	04
Vétérinaire	01	04
Nutrition	01	04
Mécanique auto	01	04
Maçonnerie	01	04
Total	**24**	**100**

Source : Annuaire ETFP 2011-2012

Tableau 24 : Répartition des filières techniques dans la sous-division de Karawa

Filières	**Effectifs**	**%**
Agriculture	09	34,62
Sociale	04	15,38
Commerciale et administrative	03	11,54
Mécanique générale	02	7,69
Menuiserie	02	7,69
Coupe et couture	01	3,85
Vétérinaire	01	3,85
Mécanique auto	01	3,85
Electricité	01	3,85
Construction	01	3,85
Secrétariat	01	3,85
Total	**26**	**100**

Source : Annuaire ETFP 2011-2012

Tableau 25 : Répartition des filières techniques dans la sous-division de Yakoma.

Filières	Effectifs	%
Commerciale et administrative	11	22,92
Agriculture	10	20,83
Sociale	09	18,75
Coupe et couture	06	12,50
Menuiserie	05	10,42
Construction	04	6,35
Mécanique auto	02	4,17
Mécanique générale	01	2,08
Total	**48**	**100**

Source : Annuaire ETFP 2011-2012

Le français est la langue de l'enseignement. On distingue les niveaux primaire (de 6 à 11 ans), secondaires (de 12 ans à 17 ans) et universitaire (de 18 ans).

Le Nord-Ubangi compte plusieurs instituts supérieurs d'une certaine importance situés généralement dans chaque territoire, sauf le territoire de Mobayi-Mbongo.

b). Enseignement supérieur et Universitaire (ESU)

Le Nord-Ubangi dispose d'un enseignement universitaire adéquat dont l'université de Gbadolite (UNIGBA) avec huit facultés organisées. Par ailleurs, les instituts supérieurs organisés dans le Nord-Ubangi sont notamment :

- Institut supérieur pédagogique de Molegbe (ISP/Molegbe) ;
- Institut supérieur des sciences commerciales (ISSC) ;
- Institut supérieur des techniques médicales de l'Ubangi (ISTM/Ubangi) ;

- Institut supérieur des techniques appliquées (ISTA) ;
- Institut supérieur de développement rural (ISDR) ;
- Université du Nord Équateur (UNEQ) ;
- Université de Gbadolite (UNIGBA).

Ces instituts supérieurs et universitaires sont structurés par territoire dont le détail est dans le tableau 26 ci-dessous.

Tableau 26 : Répartition des instituts supérieurs dans le Nord-Ubangi

Territoires	Université	Instituts Supérieurs	Localisation
Bosobolo	-	ISDR	Bosobolo
		ISP	Bili
Businga	-	ISP	Businga
		ISP	Karawa
Mobayi-Mbongo	-	-	-
Yakoma	-	ISP	Yakoma
		ISP	Abumombazi
		ISTM	Yakoma
Gbadolite	Université de Gbadolite (UNIGBA)	ISP	Gbadolite
		ISSC	Gbadolite
		ISTM	Gbadolite
		ISTA	Gbadolite
		UNEQ	Gbadolite

Source : Notre recherche (2014)

Parmi ces instituts supérieurs et uiniversitaires, certains sont structurés de la manière suivante :

Université de Gbadolite (UNIGBA)

Crée en octobre 2006 et compte tenu de ses infrastructures adéquates, le centre universitaire de Gbadolite devient autonome et Université de Gbadolite (UNIGBA) car l'arrêté ministériel n° 146/MINESU/CABMIN/CB/GM/2011 du 20 juin 2011 portant autonomisation.

Facultés organisées

- ○ Faculté de droit ;
- ○ Faculté des sciences économiques de gestion ;
- ○ Faculté de médecine ;
- ○ Faculté des sciences agronomiques ;
- ○ Facultés des sciences ;
- ○ Faculté de psychologie et des sciences de l'éducation ;
- ○ Faculté des sciences sociales, politiques et administratives ;
- ○ Faculté des lettres et sciences humaines.

Les enseignants viennent pour la plupart de Kinshasa et d'ailleurs (Kisangani, Mbandaka, Belgique, France, Allemagne…). L'année 2011-2012, l'UNIGBA a versé ses premiers diplômés de deuxième cycle universitaire (Licence) sur le marché de l'emploi. L'organisation fonctionnelle est détaillée dans le tableau 27 ci-dessous.

Tableau 27 : Organisation fonctionnelle de l'UNIGBA

N°	Facultés	Départements
01	Droit	Droit public
		Droit privé et judiciaire
		Droit économique
02	Sciences économiques et de gestion	Sciences économiques
		Gestion (gestion financière)
03	Médecine	Sciences biomédicales
04	Sciences agronomiques	Phytotechnie
		Faune et flore

05	Sciences	Sciences de la terre (géologie)
		Maths-informatique
06	Psychologie et sciences de l'éducation	Psychologie
		Sciences de l'éducation
		Agrégation
07	Lettres et sciences humaines	Communication
		Philosophie
08	Sciences sociales, politiques et administratives	Sciences politiques
		Relations internationales

Source : Service académique de l'UNIGBA 2014.

Les activités para-académiques organisées à l'UNIGBA

L'université de Gbadolite dispose :

- D'un centre médical universitaire ;
- D'un complexe scolaire de l'UNIGBA (CS-UNIGBA) ;
- D'une intendance générale ;
- D'une bibliothèque de plus ou moins 26 volumes.

L'université de Gbadolite dispose également des infrastructures de l'ex. Université Aequatoria sur les sites de TUDU et de PANGOMA (village). À cet effet, le campus de Tudu comprend :

- Neuf (9) auditoires ;
- Un (1) restaurant pouvant servir d'amphithéâtre ;
- Cinq (5) pavillons de homes étudiants ;
- Deux (2) blocs sanitaires pour étudiantes et étudiants ;
- Un (1) bâtiment administratif.

Tandis que le site de Pangoma ou plateau des professeurs comprend :

- Cinq (5) villas préfabriquées de type 2 ;
- Une (1) préfabriquée de type 3 ;
- Deux (2) villas préfabriquées de type 4 ;
- Seize (16) villas matériaux durables ;
- Quatre (4) villas matériaux durables inachevées ;
- Deux (2) dépôts ;
- Une (1) cabine moyenne tension ;
- Une (1) cabine haute tension ;

Dans les villas des ambassadeurs héritées du patrimoine de l'État congolais, nous avons deux villas dont une en paillote plus une cave et un bâtiment de service de garde. Ces bâtiments ont été endommagés ainsi que leurs équipements emportés pendant les guerres.

Les dons de la MONUSCO et de l'ex. ministre de l'Agriculture Norbert BASENGEZI a été un ouf de soulagement pour l'Université qui a réhabilité deux pavillons de homes étudiants qui sont déjà opérationnels. Un budget d'investissement permettra à cette grande institution universitaire de l'actuelle province du Nord-Ubangi, de réhabiliter progressivement ces infrastructures.

Le centre médical ne dispose pas de laboratoires préalablement construits, mais il existe la possibilité de transformer certains bâtiments en laboratoires moyennant certains aménagements et de les équiper en matériels et produits.

Institut supérieur des sciences commerciales « ISSC »

C'est par l'arrêté ministériel n° ESURS/CABMIN/127/92 du 21 mai 1992, que l'ISSC a été autorisé de fonctionner sous l'appellation de l'ESFECO (École supérieure de formation des experts comptables), en suite par l'arrêté ministériel n° ESURS/CABMIN/091/95 du 23 juin 1995.

Ce dernier a dû bénéficier d'un agrément provisoire pour son fonctionnement à Gbadolite sous la dénomination de l'ISTG (Institut supérieur de techniques de gestion) devenu ISSC (Institut supérieur des sciences commerciales). Il fut le premier établissement d'enseignement supérieur et universitaire à être implanté dans l'ancien district du Nord-Ubangi aujourd'hui province du Nord-Ubangi.

Il a déversé sur le marché d'emploi d'éminentes personnalités qui ont servi ce pays comme ministres, députés, directeurs, inspecteurs des finances, chefs de services etc.

L'ISSC organise chaque année deux options, notamment : l'option marketing et l'option comptabilité.

Institut Supérieur pédagogique de Molegbe (ISP/Molegbe)

Fonctionne momentanément dans l'enceinte de l'ex. collège présidentiel de Gbadolite. ISP/Molegbe organise les facultés suivantes :

- Anglais-culture africaine ;
- Français-langue africaine ;
- Histoire-sciences sociales et gestion du patrimoine ;
- Biologie-chimie ;
- Sciences agronomiques et vétérinaires ;
- Sciences commerciales et administratives.

L'année académique 2011-2012, l'ISP/Molegbe a versé sur le marché de l'emploi ses premiers diplômés de premier cycle universitaire (graduat). Pour la même année académique, l'ISP/Molegbe a enregistré 87 étudiants. Les enseignements sont assurés par les enseignants locaux et ceux qui viennent pour la plupart de Kinshasa et d'ailleurs.

D'une manière générale, dans le Nord-Ubangi, l'éducation

est caractérisée par les problèmes liés à un faible taux de scolarisation des enfants, à une baisse sensible du niveau de l'enseignement, les filles ne sont pas nombreuses à l'école, il y a l'insuffisance des infrastructures scolaires.

Les mauvaises conditions de travail des enseignants et l'incapacité de certains parents à payer les frais scolaires et académiques de leurs enfants ont contribué également à la détérioration du taux de scolarité des enfants nord-ubangiens.

Pour relever le défi, il est important de :

- Réhabiliter des infrastructures scolaires et universitaires, les équiper en donnant des salaires décents aux enseignants ;

- Créer des écoles secondaires pour avoir des centres d'examen d'État dans les sous-divisions de chaque territoire en augmentant les nombres des locaux en dur ;

- Songer à la construction ou à la réhabilitation des écoles par les ONGD ;

- Réhabiliter et construire (par l'Etat congolais) des écoles construites par des missionnaires ;

- Affecter les bancs, les pupitres, les tableaux et chaises ;

- Généraliser les frais de fonctionnement par le gouvernement pour permettre à toutes les écoles du Nord-Ubangi de s'équiper ;

- Alimenter les écoles techniques par des matériels didactiques conséquents ;

- Accorder des bourses d'études aux finalistes de graduat et de licence, équiper les bibliothèques en vue de faciliter les étudiants à la recherche ;

- Doter l'Université de Gbadolite (UNIGBA) d'un réseau internet pour la recherche et la communication.

III.11. La justice

Dans le Nord-Ubangi, la justice est organisée de la manière suivante :

- Le tribunal de grande instance de Gbadolite (TGI) ;

- Le parquet de grande instance de Gbadolite.

a). Le tribunal de grande instance de Gbadolite (TGI)

C'est par l'ordonnance présidentielle n° 087/006 du 09 janvier 1987 que le tribunal de grande instance de Gbadolite fut créé. Son installation officielle s'est faite à l'issu d'une audience publique tenue à la date du 27/02/1987 par le conseiller de la Cour suprême de justice et procureur général de la République.

Cette juridiction a été dirigée par les premiers magistrats dont les noms suivent, affectés et notifiés par l'arrêté ministériel n ° série 83 et 87/041 du 31 juillet 1987. Il s'agit de :

□ Monsieur MBILA MINONGO : Président ;

□ Monsieur MWANGA MOLENDIA : assistant ;

□ Monsieur KENDISHIBA KAYOMBO ;

□ Monsieur TSHIKWAYI.

En dehors de ces magistrats notifiés et affectés par l'arrêté susmentionné, il y a eu un recrutement local des greffiers temporaires tels que :

□ Monsieur GBATE ;

□ Monsieur KARAWA ;

□ Monsieur MONZO ;

□ Monsieur KITONGO ;

□ Monsieur MUSUAMBA ;

□ Monsieur ELOLO, etc.

Cette juridiction judiciaire a fait défiler devant elle dix (10) magistrats présidents dont voici les noms et la liste ordinaire :

□ MBILA MINONGO ;

□ KAYAMBA MUKADI;

□ BELLA MUTANGU ;

□ MPUTU BALENGU ;

□ KASHAMA NGOY ;

□ ZANZU ;

□ MBILA GUY ;

□ INONGI ;

□ BEKANGA ILUNGA ;

□ BADIBANGA ILUNGA.

Sa compétence territoriale couvre entièrement le Nord-Ubangi (Territoires de Bosobolo, Businga, Mobayi-Mbongo, Yakoma, la ville de Gbadolite et ses périphéris). Toutes les activités du TGI sont réalisées par deux grands services, notamment :

- Le service de la magistrature et
- Le service du greffe.

Actuellement, le TGI siège dans l'enceinte de l'ex. internat de garçons du collège présidentiel de Gbadolite. C'est dans ce local que se tiennent ses audiences publiques ainsi que ses travaux administratifs.

b). Le parquet de grande instance de Gbadolite (PGI)

Le PGI de Gbadolite a été créé sous l'ordonnance loi n° 87/006 du 09 janvier 1987. Après sa création, la ville de

Gbadolite et ses communes furent créées par l'ordonnance loi n° 87/007 du 10 janvier 1987.

Par ailleurs, l'arrêté n° 87 du février 1987 portant affectation des magistrats du PGI de Gbadolite. Son installation officielle a eu lieu au Guest House de Gbadolite par la première audience publique présidée par le conseiller de la Cour suprême de justice et du procureur général de la République.

Le PGI de Gbadolite connaît depuis son existence plus ou moins 11 prorep (Procureur de la République) dont :

- Prorep MANDALA MANGU ;
- Prorep MPUNGWE NEMBA ;
- Prorep NYAKONYA BANGABELE (a.i) ;
- Prorep KAKALA LOMBOTO ;
- Prorep ENGBANDA José ;
- Prorep YOGO BANGA Jean-Pierre ;
- Prorep KAMBA Jean ;
- Prorep KESENGE BOYI (a.i) ;
- Prorep INENGE Guy;
- Prorep BIKAKALA Emmanuel;
- Prorep MUTEBA ILUNGA Désiré.

Sa structure se compose d'une magistrature, d'une administration, d'une extension judiciaire et des agents auxiliaires de justice.

- La magistrature est composée d'un procureur de la République ; d'un premier substitut du procureur et des substituts du procureur.

◙ L'administration est structurée de la façon suivante : un secrétaire divisionnaire, un chef de bureau, des secrétaires de première classe et des secrétaires de deuxième classe.

◙ L'extension judiciaire quant à elle, est répartie avec un Inspecteur divisionnaire, un Inspecteur de première classe et un Inspecteur de deuxième classe.

◙ Les huissiers sont classés parmi les agents auxiliaires de la justice.

Par contre, la situation juridique et la question des droits de l'homme demeurent critiques dans le Nord-Ubangi. Les infrastructures judiciaires n'existent pas ; sans équipement adéquat ; le personnel judiciaire se débrouille, pour accomplir sa mission.

Faute de bibliothèques adéquates, la grande majorité des magistrats n'a pas l'occasion de se perfectionner. Ils sont pour ainsi dire privés de la possibilité de développer leurs connaissances et de réaliser un travail de qualité. La conséquence se ressent dans la motivation et la conclusion de leurs décisions.

Dans le Nord-Ubangi, le nombre de magistrats est faible par rapport au volume de travail à accomplir. Les conséquences des problèmes liés à la justice et aux droits de l'homme, affectent beaucoup plus les femmes et les enfants ainsi que les populations vulnérables, incapables de faire prévaloir leurs droits. Bien plus, la guerre, quant à elle, a donné lieu à des violations massives, graves et systématiques des droits de l'homme.

III.12. Genre et protection

Dans le Nord-Ubangi, les préjugés, les coutumes négatives et rétrogrades, le complexe d'infériorité et l'ignorance des droits de la personne occasionnent la marginalisation de la femme, de la jeune fille et des enfants. Dans plusieurs domaines, les femmes sont grandement défavorisées par rapport à l'homme. Face à la loi, voire à la coutume, la femme dépend presque entièrement aux hommes. Selon le code de la famille « le mari est le chef du ménage. Il doit protection à sa femme. La femme doit obéissance au mari »[31].

En effet, l'inégalité et la disparité entre les sexes ont été relevées dans plusieurs domaines de la vie sociale occasionnant ainsi l'exploitation économique de la femme nord-ubangienne. La dégradation du système éducatif congolais qui ne prend pas en compte l'éducation de la fille a affecté aussi davantage les filles que les garçons. De plus, les budgets des différents secteurs publics sont peu sensibles au genre et ne cherchent pas à combattre certains facteurs d'inégalité entre les deux sexes aggravant ainsi la situation déjà marginalisée de la femme.

Pourtant, la femme Nord-Ubangienne a le sens de l'économie, elle a aussi le sens du gain non seulement par émulation, mais elle a toujours à cœur le désir de laisser un héritage à ses enfants. La femme du village est restée attachée à la tradition, qui a une conception tout à fait traditionnelle du mariage, de la vie, qui s'occupe toujours des travaux domestiques, de cultures et du soin des enfants et qui participe peu ou pas du tout à la vie sociale du village.

Les activités de la femme dans les villages du Nord-Ubangi

Quinze villages ont fait l'objet de nos visites et des rencontres avec les femmes dont : cinq villages du territoire de Businga ; deux villages du territoire de Bosobolo ; trois villages du territoire de Mobayi-Mbongo ; trois villages de

---

[31] Code de la famille, article 44.

territoire de Yakoma et deux villages urbano-ruraux de la ville de Gbadolite.

Organisation des activités

***Semaine type* :**

Tableau 28 : Activités de la femme pendant la semaine

Jours	**Heures**	**Activités**
Lundi	de 7 h-17 h	Travail dans le champ ou plantation
Mardi	de 7 h-17 h	Travail dans le champ ou plantation
Mercredi	de 7 h-18 h	Jour du marché et des soins des enfants au dispensaire, vente des produits agricoles, du manioc transformé, du taro, des légumes, viandes, poissons, bananes, huile de palme, etc., achat des produits amenés de la ville : huile, savon, sucre, vêtement… Dans l'après-midi, la femme travaille le manioc, effectue les travaux ménagers selon ses besoins.
Jeudi	de 7 h-18 h	Nettoyage de l'Église pour les protestantes, les autres femmes font cuire le manioc ou le transforment, amènent du bois ou font des travaux ménagers.
Vendredi	de 7 h-17 h	Travail aux champs
Samedi	de 7 h-15 h	Travail au champ
Dimanche	de 7 h-18 h	Le matin, pratique du culte et dans l'après-midi, travaux dans la case.

Source : Nos recherches dans certains villages du Nord-Ubangi 2014

Journée type :

Tableau 29 : Les activités de la femme pendant la journée

Heures	**Activités**
5 h	Réveil
5 h-7 h	Toilette personnelle et celle des enfants ; préparation du repas ; travaux ménagers ; recherche et transport d'eau.
7 h	Départ pour le champ, si la femme a beaucoup d'enfants (plus de huit) elle ne part qu'à 9 h.
7 h-17 h	Travaux dans le champ.
17 h-18 h	Retour du champ, chargée d'un fagot de bois, d'un régime de bananes ou de légumes selon la saison.
18 h-20 h	Toilette personnelle et celle des enfants, préparation du repas, travaux ménagers.
20 h-22 h	Dîner, c'est la fin de la journée ; pour celle qui ramène du manioc roui, elle doit travailler pour le transformer le lendemain, ce travail peut prendre deux heures, elle ne se couche alors que vers 22 heures environ.

Source : Nos recherches dans certains villages du Nord-Ubangi 2014

Travaux dans les champs

Choix du terrain : il se fait par le couple ou par la femme seule.

Défrichement : à l'aide d'un coupe-coupe ou d'une machette, la femme défriche la parcelle également.

Abattage des arbres : il se fait par l'homme en février et mars (la veuve loue les services des hommes pour cette opération).

Brûlis : la femme brûle toute l'herbe coupée et séchée, elle retourne la terre pour préparer le terrain à recevoir la semence.

Semence : fin mars et début avril, c'est la saison des pluies ; la femme sème le manioc, l'arachide, le maïs, l'aubergine, etc. Ces légumes occupent les pentes de la parcelle. La banane est plantée au fond de la vallée.

Désherbage et binage : la femme désherbe le champ et procède au binage technique qui consiste à consolider et à meubler le pied du manioc, ce qui aère le sol et facilite l'absorption de l'azote et, à cette période, l'arachide a déjà fleuri (Mois de mai et juin).

Début des récoltes : au début du mois de juillet, la femme récolte l'arachide, le maïs et cueille les feuilles de manioc pour la préparation du *Dédé ngunza ou sakasaka* (en langue Ngbandi), plat à base des feuilles fraîches de manioc pilées et cuites dans l'huile de palme. D'une année à l'autre, le cycle se reproduit.

Les travaux quotidiens de la femme aux champs, commencent par le désherbage et le sarclage. Selon la période, la femme récolte le manioc, l'arachide, le maïs et les légumes. Pour le manioc, elle sort les tubercules de la terre, constitue des tas qu'elle épluche et transporte elle-même dans une hotte ou basin vers la mare à rouissage. Elle peut faire ce trajet plusieurs fois par jour. À la fin de la journée, elle coupe le bois qu'elle ramène à la case. Ces transports de manioc et de bois sont réservés à la femme.

Figure 17 : Une femme revient du champ

Figure 18 : Les filles reviennent du champ

Transport et distribution d'eau

Dans les quinze villages visités du Nord-Ubangi, les sources d'eau sont éloignées du village. Le terrain étant accidenté, la source se trouve en général dans la vallée. La femme doit, par conséquent, à chaque transport, remonter péniblement le seau ou la marmite d'eau sur la tête. Les sources qui ont été visitées ne sont pas aménagées et on ne sait pas si elles sont potables. Les villageoises lavent leur linge dans les sources d'eau et, selon les infirmiers contactés de ces villages, l'eau de ces sources (rivières) serait à l'origine de certaines maladies.

Les travaux au foyer

Dans le Nord-Ubangi, tous les jours, la femme doit s'occuper de ses enfants et de son mari, effectuer les travaux ménagers, préparer le repas. Ces travaux constituent des données de base incontournables.

Les maladies de la femme

Le paludisme, les maladies vénériennes (MST), le rhumatisme articulaire aigu (RAA), la lombalgie, la schistosomiase, les maux de ventre, la tension artérielle etc. représentent les maladies que rencontrent les femmes.

La femme et l'accouchement

La femme enceinte travaille au champ jusqu'à son terme. Elle ne se rend au dispensaire qu'au moment des premières contractions. Il arrive que la femme accouche sur la route, en allant au dispensaire ; c'est fréquent dans certains villages où le dispensaire est inexistant. Ces femmes doivent effectuer à pied une distance de 5 à 10 kilomètres pour atteindre le dispensaire le plus proche.

La femme et le commerce

Il existe dans le Nord-Ubangi trois types de commerçantes : les permanentes, les occasionnelles et les étrangères au village.

- *Les commerçantes permanentes* sont peu nombreuses. Elles sont soit divorcées ou des fonctionnaires. Elles revendent des produits qu'elles achètent en ville et elles sont présentes toute la journée au marché de 7 h à 17 h 30. Mais ce commerce n'est prospère que le jour du marché convenu.

- *Les commerçantes occasionnelles* sont des femmes travaillant dans les champs, qui viennent vendre essentiellement le jour du marché mais aussi de temps à autre selon leur disponibilité.

- *Les commerçantes étrangères au village* sont des femmes qui viennent de la ville pour vendre leurs produits le jour du marché : vêtements pour enfants et femmes, bijoux de fantaisie et quelques conserves.

La femme et l'éducation

La majorité des femmes rencontrées dans certains villages est analphabète. Il existe pourtant des cours d'alphabétisation fonctionnelle dans certains villages, mais très peu de femmes y assistent. Peut-être par manque de volonté en ce qui concerne les jeunes femmes, mais essentiellement par manque de temps libre. Les femmes sont trop absorbées par les travaux quotidiens aux champs et à la case.

Figure 19 :

Vente de feuilles de manioc

Figure 20 : Transporteuse de braise

La dotede la femme

Le problème de la dote d'une femme se présente différemment suivant les territoires et suivant les ethnies et parfois suivant les familles. Si la dot est élevée, les uns pensent que la femme est vendue, les autres pensent au contraire qu'on a accordé alors beaucoup d'importance à la femme qu'on a épousée.

Par ailleurs, si la dot est peu élevée, certains diront que la femme est ordinaire avec tous les risques que cela comporte. En tout état de cause, quand le mari a envie de renvoyer sa femme, il ne se gêne pas pour le faire.

III.13. La banque

Le Nord-Ubangi a une seule banque, la banque commerciale congolaise (BCC) installée dans la ville de Gbadolite où elle est ravitaillée une fois par mois par la banque centrale du Congo à Kinshasa. Un avion-cargo spécial est disponibilisé à cet effet. Chaque territoire du Nord-Ubangi est servi à partir de la ville de Gbadolite. En effet, deux agences de transfert de fonds, dont Soficom Transfert et Solidaire Transfert se sont installées également dans la ville de Gbadolite respectivement en 2006 et 2010.

Ce sont des agences d'expatriés libanais qui opèrent en RDC et ces messageries financières sont en partenariat avec Western Union. Les monnaies utilisées dans le Nord-Ubangi sont le franc congolais (FC), le dollar américain ($ USA) et le Franc CFA.

III.14. Une philosophie désengagée

Les Nord-Ubangiens perçoivent la philosophie comme une sagesse et une réflexion profonde. Ils ne sont pas loin de la définition platonicienne. Depuis 1990, les diplômés universitaires en philosophie ne sont pas nombreux par rapport aux diplômés en droit et autres options.

Alors, suite à cette insuffisance des universitaires philosophes, le Nord-Ubangi est sombré dans une philosophie négative qui ne permet pas à une bonne réflexion pour faire sortir la zone de l'impasse. Parmi ces pensées négatives, nous illustrons celles qui sont fréquentes notamment :

a). L'acceptation des autres

C'est une philosophie qui pose un sérieux problème pour pouvoir réfléchir ensemble sur certains faits. Le Nord-Ubangien accepte difficilement l'avis ou la réflexion de l'autre, quelle que soit la pertinence thématique. On croit difficilement à ce que l'autre dit et souvent, on constate que la personne qui doute n'a pas de leçon à donner aux autres. Une telle philosophie ne contribue nullement au développement de la contrée.

b). La gratuité

C'est également une philosophie négative qui incite les Nord-Ubangiens à continuer à penser à la gratuité qui existait à l'époque où feu le Président de la République du Zaïre MOBUTU SESE SEKO, originaire de la contrée, distribuait gratuitement à la population de l'argent, des habits, des voyages… Or, le temps de Mobutu est passé et devrait chacun prendre la conscience qu'il faut travailler et gagner son pain.

c). La division

Notre planète est habitée par plusieurs milliards d'êtres humains : cette humanité a développé des moyens de production, des ressources énérgétiques, des techniques agricoles, synthétiques, scientifiques qui seraient capables d'assurer théoriquement et pratiquement une vie harmonieuse à tous et de faire en sorte que chacun soit à l'abri du besoin.

Or, constate Jean ZIEGLER, cette humanité n'existe pas. Seule une minorité d'hommes vivent comme des hommes[32]. C'est une pratique qui semble être naturelle dans le Nord-Ubangi, car il est difficile d'accepter la domination de l'autre. Le rang social est difficilement interprété et cela est caractérisé par la division, que chez certaines tribus, on illustre par des chants.

Par exemple, chez les Ngbandi, on lance un défi par le chant ci-dessous :

Te e se tere e la e (2x) e ka ndo te e zegbe zegbe e ye ma lo hê zo ma te e se tere e la e (xxx).

E ka ndo te e

Tous : zegbe zegbe e ye ma lo hê zo ma te e se tere e la (xxxx).

---

[32] ZIEGLER. J., Main basse sur l'Afrique. La recolonisation (points actuels), Paris, Seuil, 1980, p.23.

Traduction

Pour nous, nous sommes comme ça en groupuscule, nombreux, et nous n'acceptons pas n'importe quoi de quelqu'un.

d). L'entraide

L'esprit d'entraide est difficilement perçu dans le Nord-Ubangi. On porte difficilement secours à l'autre, chacun pour soi. Les hommes politiques, les hommes d'affaires et d'autres personnalités de la contrée portent secours difficilement aux écoliers, élèves et étudiants.

Chacun termine ses études à sa manière, on préfère critiquer la souffrance de l'autre de manière négative au lieu de lui porter secours. Par conséquant, dans une contrée où les habitants ne s'entraident pas, n'acceptent pas facilement les opinions des autres et où gratuité et division sont considérées comme valeurs dans une communauté, on ne peut pas espérer un développement du milieu.

Un vieux du village Kekongo dans le territoire de Mobayi-Mbongo, du nom de NGITE, s'est posé la question de savoir qui apporterait la solution à cette philosophie qui contribue au sous-développement de la contrée ? Il faut une forte sensibilisation et conscientisation en vue d'assainir la mentalité. Il est question de changement de mentalité.

III.15. Le tourisme

Le Nord-Ubangi dispose d'une importante potentialité touristique qui n'attend que d'être capitalisée à travers des investissements publics et privés pour pouvoir contribuer à la relance économique dans la province. Pour redynamiser ce secteur, il est important :

- De réhabiliter le jardin zoologique et botanique de Gbadolite ;

- De faciliter par des mesures incitatives d'investissement de l'éco-tourisme participatif.

Figure 21 : Jardin botanique de Gbado.

Figure 22 : Parking du jardin botanique

Le jardin zoologique et botanique de Gbadolite

Le jardin zoologique et botanique de Gbadolite a commencé juste à la création de la ville de Gbadolite en 1987 et il était à la charge de la Présidence de la République du Zaïre c'est-à-dire, à la charge de feu le maréchal Mobutu Sese Seko.Après le chevauchement, le centre de développement agricole et industriel (CDAI), une entreprise locale et privée prend en charge ce jardin et change le nom qui devient « Espace vert de l'Ubangi » « EVU », en sigle.

À l'époque, ce jardin zoologique comportait les espèces suivantes :

- singes ;
- léopards ;
- bonobo ;
- chimpanzés ;
- crocodiles ;
- serpents ;
- canards sauvages ;
- paons du Zaïre (Congo) ;
- éléphants ;
- antilopes ;
- hyènes ;
- tortues ;
- griollenes ;
- 10 étangs piscicoles.

Il y a plusieurs espèces botaniques (plus ou moins 400 espèces) mais toutes ont été saccagées, surtout les espèces zoologiques. Les espèces botaniques ont été abandonnées suite à la guerre (rébellion). À partir de 2006, les autorités locales, par leurs propres moyens ont relancé les activités du jardin, et en 2007, l'État congolais prend en charge le jardin et change le nom qui deviendra ICCN et engage 53 employés matriculés et 87 autres non matriculés.

Tableau 30 : Quelques espèces botaniques récupérées

Noms scientifiques	**Noms commerciaux**	**Noms locaux**	**Familles**
Afzelia africana	Doussie	Kpâ	Caesalpiniaceae
Millicia excelsa	Iroko	Mbangi	Moraceae
Diospyros crassiflora	Ebène noire	Lèmbè	Ebenaceae
Entandrphragma cylindrium	Sapelli	Mboyo	Meliaceae
Pterocarpus soyauxii	Padouk	Ngola	Fabaceae
Gilbertio dendrou dawevrei	Limbali	Mbalu	Caesalpiniaceae
Brachystegia laurentii	Bomanga		Caesalpiniaceae
Piptadeniastrum africanun	Dabema	Bokungu	Mimosaceae
Chrysophyllum africana	Longhi	Libambu	Sapotaceae
Alstonia boonei	Émient	Guga	Apocynaceae

Source : ICCN/Gbadolite 2014

Dans ce jardin, le maréchal Mobutu avait importé d'Asie une espèce appelée ylang-ylang, une plante à parfum, et d'autres espèces de la famille de l'Orchidaceae notamment :

- Eulophia angolensis ;
- Eulophia caricifolia et
- Eulophia laurenti.

Figure 23 : Eulophia angolensis

Figure 24 : Caricifolia

Figure 25 : Ylang-ylang

Ce sont des plantes à protéger car un pied coûte extrêmement cher sur le marché du bois. On cultive l'ylang ylang pour ses fleurs dont on extrait, par distillation, une huile essentielle très utilisée en parfumerie[33].

Tableau 31 : Quelques plantes horticoles

Noms scientifiques	Familles	Usages
Cananga odorata (Ylang-ylang)	Anonaceae	Fabrication du parfum
Gardenia Sp	Rubiaceae	Contre les esprits mauvais
Jasminum Sp	Oleaceae	Contre les esprits mauvais
Kalanchoe Sp	Crassulaceae	Contre la sinusite
Philodendron Sp	Araceae	Fabrication de pergolat
Terminalia	Combrettaceae	Contre le kyste amibiase
Rhoeo discolor	Commelinaceae	Contre le kyste amibiase
Vinca mosea ou cantharantus rosens	Apocynaceae	Contre le kyste amibiase

Source : ICCN/Gbadolite 2014

Le gardenia Sp et le jasminum Sp, respectivement de la famille rubiaceae et oleaceae, servent à chasser la force occulte et plus particulièrement les sorciers s'ils sont plantées dans la parcelle[34] (selon le témoignage d'un agronome expert de terrain, Monsieur Housman Ngolo). Petit à petit, le jardin botanique de Gbadolite est en train de se reconstituer grâce à l'effort de l'ICCN. D'autres plantes importées à partir de l'île Maurice et d'Asie qui étaient en voie de disparition sont récupérées et elles sont en pleine multiplication.

33 MONNATE-S.L., École française d'aromathérapie, France, 2014, online : www. Passeport santé.net

34 Témoignage de l'agronome de terrain, Housman NGOLO, de Gbadolite en 2012.

Figure 26 :
Gardenia sp

Figure 27 :
Gardenia

Figure 28 :
Jasminium sp

Figure 29 :
Jasminium

Le jardin botanique de Gbadolite est aujourd'hui le point central du Nord-Ubangi pour l'éducation à l'environnement et la vitrine pour la sensibilisation à tous les efforts de conservation de la nature. De 2007 jusqu'à nos jours, l'ICCN a développé plusieurs activités parmi lesquelles la récupération de 348 espèces est aujourd'hui effective. Les espèces zoologiques récupérées sont détaillées dans le tableau 32 ci-dessous.

Tableau 32 : Espèces zoologiques actuelles

N°	Noms scientifiques	Familles	Noms communs	Nombre
1	Mongabey cendré et doré	Cercopithecideae	Singes	06
2	Atherure africain	Hystricideae	Porc-épic	02
3	Ostratanus tetraspi	Crocodilideae	Crocodile	04
4	Trionychidés sp	Trismychideae	Tortues	05
5	Ofidien	Pythonideae	Pythons molure	04
6	Pan troglodytes	Pangideae	Chimpanzé	01
7	Tragelaphus sriptus	Bovideae	Antilope harnachée	01
8	Manus tricuspus	Mamideae	Pangolin	01
9	Manus gigantea	Mamideae	Pangolin géant	01
10	Fumiscurus pyrhopus	Sciurideae	Ecureuil	02
11	Crycetomus gambianus	Cricetideae	Rat de Gambie	02
12	Viverra civetta	Veverrideae	Civette	03
13	Potamochoerus poicus	Suideae	Potamochère	01
14	Cephalaphus moticolo	Bovideae	Céphalophe bleu	02

Source : ICCN/Gbadolite 2012

Figure 30

Figure 31

Figure 32

Figure 33

Figures 30, 31,32 et 33 : Jardin zoologique de Gbadolite

La préservation du jardin est la sauvegarde du patrimoine culturel et naturel congolais qu'il représente, pour qu'il soit légué à la génération future. Nous espérons que si l'Etat congolais entretient le jardin botanique et zoologique de Gbadolite, ses employés expérimentés pourront bien remplir leur mission qui est :

- D'assurer la conservation insitu et exsitu et la gestion de la biodiversité et des écosystèmes dans les aires protégées ;

- De valoriser la biodiversité par l'organisation, la promotion de la recherche scientifique et du tourisme dans les aires protégées, dans le strict respect des principes fondamentaux de la conservation de la nature.

DEUXIÈME PARTIE

RESSOURCES FORESTIÈRES

La forêt est la principale source de revenus pour plus de 95 % de la population du Nord-Ubangi.

Les enjeux socio-économiques de l'exploitation des ressources forestières du Nord-Ubangi ne sont pas à démontrer car, pour survivre, l'homme ubangien a besoin de la nature, fruits, plantes sauvages, insectes, champignons, miel, gibier, poissons... qui constituent son aliment quotidien.

Les plantes médicinales, sauvages, assurent en outre les soins élémentaires en médecine humaine et vétérinaire.

CHAPITRE I

LES FORETS DU NORD-UBANGI

En réalité, la limite de ces forêts est bien difficile à tracer car malgré leur apparent continuité, elles sont loin d'être homogènes. Ces forêts varient selon la pluviométrie, le sol, la hauteur de la nappe phréatique et le degré d'inondation auquel chaque forêt est soumise.

Ces forêts comprennent ainsi une multitude de formations dont les limites sont tantôt clairement tranchées, tantôt très graduelles. En tenant compte de la structure et de la composition de la canopée, ainsi que de la nature du sous-bois, on parvient quand même à reconnaître quelques types bien tranchés comme les forêts hyper humides, les forêts marécageuses et les forêts sclérophylles littorales.

Les autres forêts de terre ferme sont beaucoup plus difficiles à répartir en catégories bien définies, tant elles varient d'un endroit à l'autre. Ces forêts reforment des arbres de la canopée, ceux dont on ne voit que le tronc, les feuilles, les fleurs ou les fruits tombés à terre.

Parmi les arbres de moindre taille qui composent les strates moyenne et inférieure de la forêt du Nord-Ubangi, on trouve évidemment des jeunes individus des essences de la haute canopée, mais on trouve surtout des espèces bien adaptées à vivre à l'ombre des autres et donc typiques de ces strates dominées. Ce ne sont pas de gros arbres, le diamètre de leur tronc dépasse rarement 30 à 40 cm et leur couronne, généralement fusiforme, irrégulière ou globuleuse, se perd dans le fouillis de la végétation.

Souvent, ces essences ne se remarquent que lorsqu'elles sont en fleurs ou portent des fruits. Parmi les nombreuses espèces répertoriées, on peut citer plusieurs annonacées, notamment l'ébom (Anonidium mannii etc.). Parmi ces essences, beaucoup ont des fruits caulinaires, ce qui faciliterait la pollinisation dans le sous-bois. Les espèces les plus connues de ce type sont les raisins du Gabon (Trichoscypha acuminata et Trichoscypha abut de la famille des anacardiacées).

I.1. Les lianes

Elles sont abondantes et visibles parmi elles on trouve des cannaracées des genres agelaea notamment agelaea pogeana, et Cnestis ferrugenea qui sont très remarquables lorsqu'elles portent leurs nombreux fruits rouges ou orange. Il y a également d'autres espèces variées dont nous comptons mener dans l'avenir une étude spécifique pour déterminer les structures.

I.2. Le sous-bois

D'après la densité de la canopée, la position vis-à-vis du réseau hydrographique et l'âge de la forêt, le sous-bois de la forêt du Nord-Ubangi varie beaucoup. Dans la forêt de Paki à Kota-koli, il existe un sous-bois de palmiers. Dans les zones les plus basses, à proximité des ruisseaux, il est principalement constitué de petits palmiers Sclerosperma mannii et Podococcus barteri. Le premier pousse dans les endroits les plus humides et supporte même d'être inondé. On le retrouve ainsi dans certaines forêts marécageuses de l'Ubangi.

Le second remonte plus haut sur les pentes, dans des zones toujours drainées. Tous deux sont des espèces reliques qu'on ne trouve que dans les forêts les plus humides du Nord-Ubangi. Parmi eux, on trouve un petit Rotin calamus sp, qui semble rester dans le sous-bois et de jeunes spécimens du grand Rotin laccosperma secundiflora qui attendent de s'élancer dans la canopée.

À distance des ruisseaux, le sous-bois devient plus ouvert et, comme dans les autres forêts de provinces voisines, il est tantôt dominé par des plantes herbacées, tantôt par des arbustes. Parmi les plantes herbacées, il y a très peu de graminées et celles qu'on trouve sont des espèces à larges feuilles, souvent plus ou moins rampantes, qui ressemblent quelquefois plus à des commélinacées qu'à des graminées de savane. Les espèces les plus fréquentes sont :

- Olyra latifolia ;
- Centotheca lappacea ;
- Leptaspis ;
- Oplismenus ;
- Guaduella ;
- Mapania ;
- Palisota ;
- Pollia ;
- Lasanthus batangensis ;
- Costus violaceus, etc.

Dans les zones les mieux éclairées ou le long des pistes, on trouve des massifs de grandes marantacées du genre megaphrynum reconnaissables à leurs grandes feuilles portées par une longue tige non ramifiée de 2 à 3 m de long (Ngongo ou kasa ya kwanga) et très recherchées par les populations locales pour l'emballage des chikwangues.

Figure 34 : Megaphrynum

Figure 35 : Megaphrynum (tige et feuille)

Dans les zones où domine une végétation arbustive, les rubiacées sont souvent dominantes. Cette famille compte de très nombreuses espèces d'autant plus difficiles à distinguer les unes des autres.

I.3. Les forêts secondaires

À la place des cultures abandonnées, donc là où la forêt a été défrichées (Mbonzo en langue ngbandi) mais où subsistent des souches prêtes à rejeter, des graines et un sol plus ou moins humifère, se développe rapidement une forêt secondaire.

Celle-ci prend évidemment des années à se reconstituer pleinement et ses premiers stades ne sont que des brousses, d'abord herbacées, ensuite arbustives.

Dans ces forêts secondaires du Nord-Ubangi, nous trouvons les espèces suivantes :

- Le parasolier Musanga cecropiodes (Vonvo en Ngbandi) est l'essence secondaire la plus typique, mais il n'est pas aussi abondant que dans beaucoup d'autres régions.
- L'Ahinibé anthocleista schweinturthii ;
- Le Dichaetanthera africana, une grande mélastomatacée arborescente qui est commune dans les forêts du Nord-Ubangi ;
- Le Pycnathus angolensis ;
- Le fromager Ceiba pentandra ;
- Le tronc de Zanthoxylum macrophyllu qui est borné d'épines (Nduru en langue Ngbandi). Souvent, celles-ci sont collectées et entrent dans la pharmacopée traditionnelle.

I.4. Les forêts marécageuses

Lorsque l'eau n'est jamais loin de la surface et que le sol est gorgé d'eau en permanence, comme cela se produit dans les bas-fonds mal drainés d'anciens cordons dunaires et le long des ruisseaux de la forêt, se développent des forêts marécageuses (à ne pas confondre avec les forêts inondables que l'on trouve le long des grands cours d'eau).

De manière générale, les forêts marécageuses du Nord-Ubangi sont plus pauvres en espèces d'arbres que les forêts de terre ferme, mais elles abritent des essences que l'on ne trouve pas dans d'autres types de forêt. Leur composition ne varie pas beaucoup d'un endroit à l'autre et, dans la plupart des forêts de ce type, on retrouve les mêmes essences de base.

Parmi les plus fréquentes on note :

- Anthostema aubyanum reconnaissable de loin à ses branches tombantes qui se relèvent aux extrémités ;
- Stipularia africana ;
- Cyrtosperma senegalense est fait pour attirer les mouches et les coléoptères ;
- Symphonia globulifera ;
- Halopegia azurea ;
- Anthocleista vogelii (racines-échasses).

Dans le Nord-Ubangi, les savanes et les forêts se sont partagé l'espace sans que jamais l'un des deux biomes ne soit parvenu à éliminer l'autre complètement.

Figure 36 : Forêt sous pression anthropique

Figure 37 : Forêt sacrée.

Figure 38 :
Forêt déboisée

Figure 39 :
Savane

CHAPITRE II

ESPECES FLORIQUES PHARES À PROTÉGER

II.1. Les bois

Les forêts de l'Ubangi renferment une biodiversité très riche et variée comprenant un nombre important d'espèces végétales et animales. Aujourd'hui, les ressources forestières sont soumises à des pressions croissantes provenant de l'agriculture itinérante (sur brûlis), de l'exploitation minière et de l'extension des centres urbains. Parmi les espèces de bois à protéger dans le Nord-Ubangi, nous trouverons respectivement les familles suivantes :

- Apocynaceae ;
- Caesalpinaceae ;
- Combretaceae ;
- Ebenaceae ;
- Fabaceae ;
- Meliaceae ;
- Mimosaceae ;

- Myristicaceae ;
- Olacaceae ;
- Rubiaceae ;
- Spotaceae

Le bois d'œuvre est une des principales ressources du Nord-Ubangi, mais on l'a surexploité, on continue à l'exploiter comme on le fait actuellement, ce qui met en danger l'avenir de la contrée surtout dans les environs de Bosobolo, Karawa, etc. où la forêt est dans un état écologique très fragile. La forêt du Nord-Ubangi est très riche d'espèces très variées, ce qui est un atout d'un certain point de vue. Pendant plusieurs années, le limba, le wenge, l'ébène, et l'iroko (Terminalia superba, Melletia laurentii, Diospyros classiflora et Milicia excelsa) ont été les essences reines de l'exploitation forestière du Nord-Ubangi.

Ces bois sont classés à la première classe. Les produits forestiers ligneux comprennent le bois d'œuvre et le bois de feu et représentent la majeure partie du bois traité des écosystèmes forestiers. Quelques espèces de bois de première classe se résument dans le tableau 33 ci-dessous.

Tableau 33 : Quelques produits forestiers ligneux

N°	Noms scientifiques	Noms communs	Familles	Classes
01	Afzelia bipendensis	Doussie rouge	Fabaceae	1
02	Afzelia pechyloba	Doussie	Caesalpinaceae	1
03	Aningena robusta	Amiengra	Sapotaceae	1
04	Chrysophylum africana	Longhi blanc	Sapotaceae	1
05	Diospyros crassiflora	Ebène	Ebenaceae	1
06	Entandrophragma angolensis	Tiama	Meliaceae	1
07	Entandrophragma candollle	Kosipo	Meliaceae	1

08	Entandrophragma cylindrium	Sapelli	Meliaceae	1
09	Entandrophragma utile	Sipo	Meliaceae	1
10	Guarea cedrata	Bossé clair	Meliaceae	1
11	Guibourtia demensei	Bubinga/ Ebana	Fabaceae	1
12	Hallea stipulosa	Abura	Rubiaceae	1
13	Khaya anthotheca	Acajou d'afrique	Meliaaceae	1
14	Lovoa trichilicides	Dibetou /Dibe	Meliaceae	1
15	Milicia excelsa	Kambala/ Iroko	Moraceae	1
16	Milletia laurentii	Wenge	Fabaceae	1
17	Pericepsis elata	Afromosia	Fabaceae	1
18	Prioria balsamifera	Tola blanc	Fabaceae	1
19	Pterocarpus soyauxii	Padouc	Fabaceae	1
20	Terminalia superba	Limba	Combretaceae	1
21	Piptademiastrum africanum	Dabema	Mimosaceae	2
22	Staudia gabonensis	Nove	Myristicaceae	2
23	Ongokea gore	Angueuk	Olacaceae	2
24	Copaifera milbraedi	Etiomoe	Fabaceae	3
25	Gilbertiodendrum dewevrei	Limbali	Caesalpinaceae	2
26	Alstonia baonei	Émient	Apocynaceae	3
27	Prioria oxyphylia	Tshiola	Fabaceae	2
28	Brachystegia laurentii	Bomanga	Caesalpinaceae	2

Source : ICCN/Gbadolite 2012

Figure 40 :
Terminalia superba

Figure 41 : Milletia laurenti

Toutefois, son exploitation intensive conduit à la déforestation galopante qui présente des dangers de déséquilibres écologiques avec notamment l'extension de nombreuses espèces de plantes et d'animaux à protéger.

Figure 42 : vente de bois

Figure 43 : Maison en bois

Figure 44 : Bois de construction

Figure 45 : Bois de 1ère classe

II.2. Les produits forestiers non ligneux (PFNL)

Ces produits regroupent une multitude de produits tirés de la forêt sous forme de feuilles ; d'écorces ; de fruits ; de latex ; de racines, de gibiers[35], etc. Le manque des statistiques ne nous permet pas de dresser une estimation réaliste des quantités récoltées chaque année dans le Nord-Ubangi.

---

[35] E.BASHIGE., A. MONTINGA., M.NTAYINGI., P.ON'OKOKO., S.TSHILUILA., Nature et culture en RDC, musée royal de l'Afrique centrale, Tervuren, Belgique, 2004-2005, p.30.

Ces forêts du Nord-Ubangi regorgent de potentialités en fruits sauvages qui permettent aux hommes et aux animaux de survivre par la cueillette et le ramassage. C'est la raison pour laquelle, dans les forêts de l'Ubangi, on ne peut pas mourir de faim, car ces fruits sauvages et comestibles vous réconforteront quelques jours avant si vous vous êtes perdu dans la forêt.

Nous estimons que, suite au prix élevé de la viande de brousse et du poisson dans les territoires du Nord-Ubangi et la ville de Gbadolite, la recherche d'alternatives pour complémenter l'alimentation de base est souvent un défi. C'est pourquoi les hommes trouvent, dans la nature, des fruits, des insectes, des champignons et du miel. Sur les marchés et le long des routes, les marchands proposent une large gamme de produits alimentaires. En outre, avec l'effondrement de l'économie, les conflits armés et l'insécurité croissante, l'agriculture et l'élevage sont devenus pratiquement impossibles dans certains territoires du Nord-Ubangi.

II.3. Les mois de chenille

Les chenilles sont très riches en protéines et, dans presque tous les territoires du Nord-Ubangi, elles constituent à elles seules 40 % des apports en protéines. Les chenilles comestibles du Nord-Ubangi sont des larves de papillons de nuit. Elles peuvent se servir cuites à l'eau ou sautées avec une sauce aux cacahouètes, des feuilles de manioc, des légumes ou simplement avec une pincée de sel et de poivre. Les mois d'août et septembre de chaque année sont consacrés aux ramassages de chenilles dans les forêts de l'Ubangi.

Figure 46

Figure 47

Figures 46 et 47 : Vente de chenilles comestibles

Le tableau 34 ci-dessous nous énumère quelques fruits phares à protéger pour la vie des hommes et des animaux.

Tableau 34 : Quelques fruits sauvages du Nord-Ubangi

N°	Noms scientifiques	Noms locaux
01	Landolphia omarensis	Kpwâ
02	Murianthus arborens	Ngboro
03	Piper negrum ou piper guineense	Ngbongboli (Ketshu)
04	Anonidium manii	Mbombi ya ndo
05	Aframomum stipulatum	Tondo (Tondolo)

06	Nephelium lappaceum	-
07	Nauclea pobeguini	Kolongi
08	Sapium cornutum	Ngaso
09	Borassus flabellifer	Nza lebo (Malebo)
10	Canarium schwenfutii	Bé (Wa tênê)
11	Irwingia gabonensis	Fa
12	Funtunia africana	Wanga
13	Cola acuminata	Liyo (Likaso)
14	Cddffea canafera	Kafé ya ndo
15	Elaeis guinensis	Mburu (Mbila)
16	Treculia africana	Banza poto
17	Passiflora edulis	Mbuma ya lokoso

Source : ICCN/ Gbadolite 2014

Figure 48 : Piper negrum (poivre sauvage)

Figure 49 : Vente de noix de cola

Figure 50 : Vente d'escargots

Figure 51 : Vente de champignons

II.4. Les Produits forestiers animaux

La faune du Nord-Ubangi est variée. C'est une faune caractéristique de la forêt, l'habitat préféré des singes. On y rencontre également des éléphants, des okapis, des potamochères, des rongeurs......Dans les cours d'eau, vivent des crocodiles, des hippopotames et surtout des poissons. On y trouve également un grand nombre d'oiseaux comme les perroquets (gris, verts...), des chauves-souris et des serpents. Les insectes y abondent, notamment les fourmis, les termites, les moustiques, les mouches, etc.

Les espèces animales les plus répandues à travers les forêts de l'Ubangi sont les singes (Colobus angolensis), les bonobos (Cercocebus atterimus, Allenopithecus nigrovridis, Cercopithecus ascanus...), les antilopes (Cephalophus monticola, C. nigrifronis, C. dorsalis, C. iecogaster, Tragelaphus speker...), les potamochères et les rongeurs (Atheribus africanus...), les crocodiles (Osteolaemus tetraspis, Crocodylus cataphractus), les tortues (Pelisios subniger, Cycloderma anbyi...) et les varans du Nil (Varanus niloticus).

Figure 52 : Cephalophus monticola (Antilope)

Figure 53 :
Potamochoerus porcus

a). Les mollusques

Dans le Nord-Ubangi, les mollusques sont partout, dans la boue, sur la boue, sur les racines, dans le bois mort et dans la canopée. Par exemple :

- Littorina angulifera de la famille de littorinidés vit sur les racines des palétuviers ;
- Tympanotomus fuscatus (c'est le gastéropode le plus commun) ;
- Thais coronata, un prédateur de moules.

b). Les crustacés

Les eaux peu profondes sont favorables aux crustacés. Ces animaux sont en effet bien adaptés à ce milieu, tant sur le plan de leur structure que sur le plan de leur physiologie et de leur comportement. Les plus visibles sont les crabes qu'on peut observer à marée basse, sur les bancs de vase compacte et noirâtre en bordure des rivières Ubangi et Mongala.

Nous avons aussi les chenilles des papillons nocturnes de la famille des psychidés qui se cachent sous un amas de brindilles qu'elles ne quittent jamais. D'après la tradition ngbandi, un pareil amas de brindilles constitue un porte-bonheur.

c). Les insectes

Parmi les insectes, nous trouverons :

- Les Culicoides dont la taille ne dépasse pas 2 mm ;
- Divers moustiques ;
- La mouche tsé-tsé (Glossina palpalis) qui peut transmettre la maladie du sommeil ou la trypanosomiase.

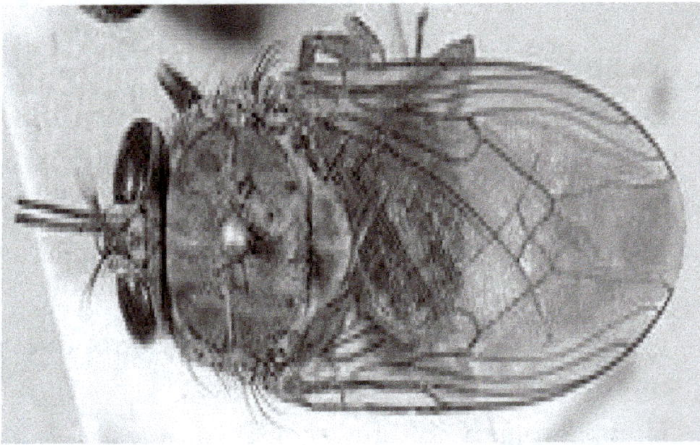

Figure 54 : Glossina palpalis (Mouche tsé-tsé)

d). Les amphibiens et les reptiles.

Dans le Nord-Ubangi, aucune étude herpétologique n'a été faite et la plupart des collectes de reptiles et d'amphibiens ont été faites de manière tout à fait forfaite. Il n'existe donc pas d'inventaire précis des espèces habitant les forêts du Nord-Ubangi. Parmi les amphibiens, la plupart des espèces rencontrées ont une très vaste distribution, comme le petit crapaud (Bafo gracilipes). Certaines espèces semblent cependant plus communes dans les forêts de Bwato et de Bokunda que dans les forêts de Bososbolo et Karawa.

Cependant, l'espèce la plus remarquable et aussi largement répandue est certainement la grenouille arboricole (Chiromantis rufescens). Dans le domaine des reptiles, les tortues, les lézards et les serpents rencontrés au hasard appartiennent eux aussi à des espèces à large distribution. Les plus fréquentes sont la tortue de forêt (Kinixys erosa), la vipère nasicorne (Bitis nasicornis).

La vipère arboricole (Atheris squamigera), (Konga en langue ngbandi) qui peut atteindre près de 80 cm de long, mais la plupart des adultes ne mesurent qu'environ 35 cm. C'est un serpent potentiellement dangereux pour l'homme. Il y a également le python, le boa fouisseur (Calabaria reinhandifi) qui est très commun dans la forêt du Nord-Ubangi.

Figure 55 : Atheris squamigera

Figure 56 : La tortue de forêt (Kinixys erosa)

C'est un serpent totalement inoffensif de la famille des boïdés, comme les pythons (Python sp...). En langue ngbandi, il est appelé Kpwungubu. Il se nourrit principalement d'anthropodes du sol. Lorsqu'on le surprend quand il remonte à la surface après une forte pluie, il se roule en boule et fait le mort. Sa queue noire et blanche peut faire croire qu'elle est sa tête. Aussi, les habitants du groupement Vôtê le considèrent comme un des serpents les plus dangereux, capable de mordre de ses deux têtes... et, pour le tuer, ils lui coupent et la tête et la queue. Il est considéré aussi comme une porte-malheur.

e). Les anthropodes

Les forêts du Nord-Ubangi sont connues pour être le royaume des anthropodes, surtout des arachmides et des insectes. Malgré sa richesse, cette faune passe cependant en grande partie inaperçue du fait que beaucoup d'espèces vivent dans le sol, le bois mort et que d'autres vivent dans la haute canopée et que beaucoup sont nocturnes, cryptiques comme les sauterelles et les mantes.

Nous avons aussi des araignées qui peuplent et tissent leurs toiles à travers les sentiers ; les argiopes ; les épeines ; les fourmis ; les termitiers, etc.

f). Les oiseaux

Dans le Nord-Ubangi, ce sont les oiseaux que l'on observe en tout premier lieu dès qu'on pénètre la savane ou la forêt. Ils s'envolent à nos pieds et il y en a bien toujours quelques-uns qui tournoient dans le ciel. Mais, ils ne font pas exception à ce que nous venons d'affirmer, et certains groupes d'espèces pourtant très typiques des savanes de Bosobolo et de Karawa.

Les francolins (phasianidés), les pintades (numididés)... Parmi les passereaux, les insectivores les plus communs sont :

- La cisticole brune (Cisticola brunnescens) ;
- Le pipit à longues pattes (Anthus pallidiventis) ;
- Le tarier pâtre (Saxicola torquata) ;
- L'hirondelle (Pseudo hirundo griseopyga) ;
- L'aigle d'ayres, etc.

Bref, les oiseaux du Nord-Ubangi appartiennent à beaucoup de familles différentes. Aucune étude n'est effective pour inventorier ces espèces d'oiseaux. Quelques espèces d'oiseaux du Nord-Ubangi sont réparties dans le tableau 35 ci-dessous.

Tableau 35 : Quelques espèces d'oiseaux du Nord-Ubangi

N°	Noms scientifiques	Noms communs	Familles
01	Pycnonotus barbatus	Bulbul commun	Pycnonotidae
02	Quelea quelea	Travailleur à bec rouge	Ploceidae
03	Ploceus xanyhops	Tisserin doré	Ploceidae
04	Ploceus cucullatus	Tisserin de village	Ploceidae
05	Quelea erythrops	Travailleur à tête rouge	Ploceidae
06	Corvus albicolis	Corbeau à cou blanc	Corvidae
07	Hirundo rustica rustica	Hirondelle de cheminée	Hirundidae
08	Hirundo fuligula	Hirondelle	Hirundidae
09	Caprimilgus natalensis	Engoulevent à queue blanche	Caprimulgidae

10	Poicephalus robustus	Perroquet robuste	Psittacidae
11	Falco subbuteo	Faucon pèlerin	Falconidae
12	Neophron percnopterus	Vautour percnoptère	Accipetridae

Source : ICCN / Gbadolite 2014

Figure 57 : Pycnonotus barbatus

Figure 58 : Perroquet vert du Nord-Ubangi

g). Les mammifères

Dans les forêts du Nord-Ubangi, les mammifères sont encore assez abondants comme de manière générale dans toutes les forêts de la sous-région. Comme petit à petit, on est en train de détruire les habitats et surtout à cause de la chasse qui se pratique toute l'année, n'importe où et n'importe comment, la grande majorité des mammifères est en train de s'éliminer.

C'est ainsi que, dans certaines forêts de l'Ubangi, malgré certains services à la matière, les grands mammifères : primates ; carnivores ; pangolins et ongulés ainsi que la plupart des grandes espèces d'oiseaux (calaos, grands rapaces) sont en voie de la disparition.

Figure 59 : Okapi de l'Ubangi

Figure 60 : Vente de viande d'okapi

A cause également de la chasse et des feux de brousse, la concentration de ces espèces est actuellement dans la forêt allant de Businga via Mobayi-Mbongo jusqu'à Abumombazi (territoire de Yakoma). Les grands producteurs de viandes de brousse dans le Nord-Ubangi sont notamment :

- Abumombazi (territoire de Yakoma) ;
- Bokunda, Gbaga et Nzomboyi (territoire de Businga) ;
- Kota-koli (territoire de Mobayi-Mbongo) ;
- Mando (territoire de Mobay-Mbongo) ;
- Mangbundu (ville de Gbadolite) et
- Wapinda (territoire de Yakoma).

Dans ces forêts, on trouve les okapis (Ndumba en langue ngbandi), les bonobos, les éléphants etc. Vers le Nord et surtout le long de la rivière Ubangi où se trouve la savane, la plupart des espèces sont cependant toujours là, quoiqu'en très petit nombre.

Pendant la journée, les animaux s'enfoncent toutefois dans les parties les plus denses de la forêt, loin des pistes et des sentiers et il est très rare de pouvoir les observer, mais on peut suivre leurs traces, leurs bouses et sentir leur odeur pénétrante[36]. En saison sèche, lorsque les oiseaux sont bas, on trouve ainsi leurs traces caractéristiques dans les boues exondées du petit étang. Parmi les petits bovidés, on trouve surtout le céphalophe bleu (Cephalophus monticola) appelé gazelle ; le potamochère (Potamochoerus porcus) appelé communément sanglier (Mbenge en langue ngbandi) est un suidé brum rouge à crinière blanche.

---

36 J.P., VANDE WEGHE., Akanda et pangara, WCs, Gabon, 1995, p.158.

Il est encore assez commun et se déplace souvent en bande, mais c'est un animal qui est devenu nocturne et dont on ne trouve généralement que les traces, les empreintes de sabots dans le lit des ruisseaux et les flaques d'eau ainsi que les étendues de sol. Les primates sont répresentés par sept espèces diverses. Le chimpanzé (Pan troglodytes), plus rare et plus sensible aux dérangements de la forêt. Les singes les plus communément rencontrés sont les cercopithèques hocheurs (Cercopithecus nictitans) et les moustac (Cercopithecus cephus). Ils vivent en troupes mixtes dans la canopée, mais ils sont presque partout dans les forêts du Nord-Ubangi.

Quant aux carnivores, ils sont représentés par la panthère (Panthera pardus), le chat doré (Felis aurata), la civette (Civettictis civetta), etc. Enfin, il convient aussi de mentionner les pangolins dont seul le pangolin commun (Phataginus tricuspis) existe encore, même dans les parties reculées de la forêt. Les éléphants ne font généralement que traverser les sentiers à Abumombazi dans quelques villages environnants, car ils se nourrissent quasi exclusivement en forêt et dans les marécages.

Quant aux hippopotames (Hippopothamus amphibius), ils sont abondants dans la rivière Ubangi et tuent les pêcheurs parfois pendant la pêche ou la traversée de la rivière Ubangi. Les okapis sont nombreux dans les forêts denses du Nord-Ubangi.

Le Nord-Ubangi représente à coup sûr un paradis écologique qu'il faut préserver. La faune et la flore, très variées, constituent toutes deux, une de ses richesses inestimables. Il y a donc lieu d'étudier les voies et moyens pour en faire une réserve zoologique de qualité. Quelques espèces animales du Nord-Ubangi sont réparties dans le tableau 36 ci-dessous.

Tableau 36 : Quelques espèces animales du Nord-Ubangi

N°	**Noms scientifiques**	**Noms communs**	**Familles**	**Noms lingala**	**Noms ngbandi**
1	Cephalophus dorsalis	Céphalophe à bande dorsale noire	Bovidae	Mboloko	Ba
2	Cephalophus silvicultor	Céphalophe des bois à arrière dos jaune	Bovidae	Mboloko	Ba
3	Cephalophus monticola	Céphalophe bleu	Bovidae	Mboloko	Ba
4	Tragelaphus scriptus dianae	Antilope harmaché	Bovidae	Mbuli	Ngandi
5	Trigelaphus spekei	Situntuga	Bovidae	Mbuli	Mbiriya
6	Syncerus caffer	Buffle du Cap nain	Bovidae	Mpakasa	Ngba
7	Giraffa camelopardalis	Girafe	Giraffidae	-	-
8	Hippopotamus amphibius	Hippopotame	Hippopotamidae	Ngubu	Mbimba
9	Potamochoerus porcus	Potamochère	Suidae	Sombo	Mbenge
10	Genetta tigrina equatorialis	Genette tiguine	Viverridae	Kikodi	Soro
11	Mungo mungo	-	Viverridae	-	-
12	Nandinia bimotola	-	Viverridae	-	-
13	Viverra civetta	Civette d'Afrique	Viverridae	Kikodi	Gavanâ
14	Eidolon helvum	Chauve-souris	Pteropidae	Ngembo	Mbubu
15	Hypsignatilus monstrosus	Chien volant à tête de cheval	Pteropidae	Ngembo	Kpwongbo
16	Manis tricuspis	Pangolin à écailles	Manidae	Kalamandjo	Kabondo
17	Manis tetradectyle	Pangolin à longue queue	Manidae	Kalamandjo	Kâkro
18	Cercocebus galeritus agilis	Cercoceb agile	Cercopithecidae	Makako	Nvî

19	Cercocebus atterimus	Magabé noir	Cercopithecidae	Makako	Mbida
20	Cercopithecus ascanius	Cercopithèque ascagne	Cercopithecidae	Makako	Nvî
21	Cercopithecus negrectus	Cercopithèque de Brazza	Cercopithecidae	Makako	Nvî
22	Cercopiyhecus nistitans	Hocheur	Cercopithecidae	Makako	Nvî
23	Cercopithecus centralis	Singe grivet	Cercopithecidae	Makako	Nvî
24	Colobus angolensis	Singe d'Angola	Cercopithecidae	Makako	Nvî
25	Pan troglodytes	Chimpanzé à face claire	Pangidae	Mokomboso	Nvô
26	Loxdonta africana cyclotis	Eléphant de forêt	Elephantidae	Nzoku	Doli
27	Cricetomis emini	- Rat de Gambie	Cricitidae	Moputé	Nvê
28	Lepus crawshayi	Lièvre	Leporidae	Mbali	Baba
29	Protexerus stangeri	Ecureuil	Sciuridae	Esende	Seke
30	Thryonomys swinderianus	Aulacode	Thryonomicidae	Simbiliki	Topè
31	Atherurus africana	Porc-épic	Hystricidae	Ndjiko	Bélu
32	Python sebae	Python	Boidae	Nguma	Kwâ
33	Bitis gabonica gabonica	Vipère du Gabon	Vipiridae	Nyoka	Longo
34	Bitis orientans orientans	Vipère du Gabon	Vipiridae	Nyoka	Ngbo
35	Ostratanus tetraspis	Crocodile nain	Crocodilidae	Ngando	Ngundé
36	Crocodylis cataphratus	Crocodile	Crocodilidae	Ngando	Ngundé
37	Okapia johnstoni	Okapi	Girafidae	Okapi	Ndumba
38	Panthera pardus	Léopard	Felidae	Koyi	Zê

Source : ICCN / Gbadolite 2014

Figure 61 : Manis tricuspis

Figure 62 : Manis tetradactyle

h). Espèces halieutiques (Les poissons)

La faune halieutique la plus importante par le nombre d'individus capturé par les villageois est celle des mormyridés. Les chararidés, les citharinidés, les claridés, les clupeidés, les bagridés, les mochocidés… sont également bien représentés dans le volume de la capture des biefs halieutiques du Nord-Ubangi. Dans les marais, on pêche surtout les claridés, les anabantidés et les protopteridés….Dans la rivière

Ubangi, on pêche également le gros poisson Lates niloticus (Capitaine) à la chute de Mobayi-Mbongo et à la chute de Satema à Kota-Koli. Dans d'autres villages du Nord-Ubangi, les espèces pêchées sont les tilapias ; le poisson-chat électrique (Malapterurus electricus), etc. Les méthodes de capture sont encore artisanales : on trouve la ligne ; la nasse ; le filet ; le poison, etc.

Figure 63 :
Latex niloticus (Capitaine)

Figure 64 :
Vente de poisson capitaine

Figure 65 : Malapterurus electricus

CHAPITRE III

PLANTES MÉDICINALES, TOXIQUES ET DE BIOCARBURANT

III.1. Plantes médicinales

L'utilisation des plantes médicinales dans le traitement des maladies remonte à la plus haute Antiquité dans le Nord-Ubangi. En effet, depuis l'avènement de la maladie dans le Nord-Ubangi et dans le monde, l'homme a cherché à exploiter les ressources naturelles, présentents dans son environnement immédiat, afin de résoudre ses problèmes sanitaires et alimentaires.

Dans les pays en voie de développement, l'utilisation des plantes médicinales a une grande importance en médecine traditionnelle. C'est ainsi qu'à la conférence internationale d'ALMA ATA, les membres dirigeants de l'Organisation mondiale de la santé (OMS) ont examiné le rôle de la médecine traditionnelle dans les soins de santé primaires et ont recommandé sa promotion et son développement. Le Nord-Ubangi est potentiellement riche en plantes médicinales compte tenu de sa forêt dense et, parmi ces plantes médicinales, certaines servent à la justice et à la sécurité, par exemple :

- Artemisia absinthium qui par sa racine raclée dans un gobelet d'eau, au goût amer, permet aux sorciers du village (esprit mauvais) et autres coupables de les détecter. Cette pratique est réservée aux chefs coutumiers.
- Nous avons également Parkia biglobozia qui sert à la sécurité. Une fois que sa feuille est touchée par une personne, elle se ferme pour se réouvrir plus tard.

Figure 66 : Parkia biglobozia (Plante sentinelle)

On reconnaît qu'un étranger est entré dans la parcelle par la fermeture de la feuille en question.

a). Alchonea cordifolia

Contre :

- Les troubles mentaux ;
- Les insomnies ;
- Les parasites intestinaux ;
- Les maux de dents ;
- L'amibe.

Pour combattre les troubles mentaux et les insomnies, on fait une décoction assez concentrée de feuilles sèches ou fraîches selon le résultat que l'on veut obtenir ; prendre 3 à 8 feuilles pour 2 verres bambous d'eau que l'on doit réduire après la décoction à un verre et prendre 1 à 3 fois par jour par le petit verre. En ce qui concerne les parasites intestinaux, il faut prendre 2 à 4 feuilles fraîches, les laver, les mastiquer et les avaler. Ensuite, il faut prendre un peu d'eau. On utilise la décoction des feuilles pour faire les bains de bouche en vue de combattre les maux de dents.

Figure 67 : Alchonea cordifolia

Faire une décoction de racine longue d'une dimension d'un avant-bras en utilisant 1 litre et demi d'eau que l'on peut réduire à 1 litre. Prendre le demi-verre de la décoction matin et soir pendant 3 à 4 jours.

b). Boerhavia diffusa

Soulage :

- Contre la rate ;
- Contre le paludisme ;
- Facilite l'accouchement ;

- Contre les saignements après l'accouchement ;
- Contre l'hémorragie dentaire, nasale et cutanée.

Pour la rate et le paludisme, on écrase les tiges feuillées et la racine éventuellement, les laisser morceler (tremper longtemps) dans l'eau froide préalablement bouillie, puis faire un lavement (purger) ½ litre pour adulte et ¼ pour un enfant. La femme mastique et absorbe une racine fraîche en vue de faciliter l'accouchement quand le col de l'utérus s'ouvre. Il faudrait alors que la racine soit bien lavée pour éviter la contamination. Après un accouchement ou fausse couche en cas de saignement de l'utérus, dentaire, nasal ou cutané ; on utilise le jus des feuilles fraîches écrasées ou de la racine crue, râpée, en le mettant dans le vagin, sur la dent, dans le nez (à l'endroit qui saigne) en vue de combattre le saignement.

c). Euphorbia hirta

Contre :

- L'amibe ;
- La diarrhée (de toute forme) ;
- L'asthme.

Figure 68 : Euphorbia hirta

Prendre trois poignées (tiges), les laver et les mettre dans un litre d'eau. Faire bouillir quelque temps et boire dans la journée en faisant cela trois jours de suite.

d). Artemisia absinthium

Figure 69 : Artemisia absinthium

Contre les vers intestinaux et la hernie. Il est question ici de prendre la racine fraîche, la gratter et appliquer la poudre grattée dans un verre d'eau et prendre deux fois le ½ verre par jour et cela est exclusivement réservé aux adultes. Les enfants n'en prennent pas.

e). Fagara xanthoxyloides

Contre : Les infections dentaires ; les plaies locales et l'angine.

Prendre une grosse pincée de poudre d'écorce ou de racine, la mettre dans la bouche contre la dent, la plaie, au fond de la gorge pour l'angine. Faire cela matin, midi, soir et avant de se coucher. Pour les angines, les traitements durent trois jours consécutifs.

f). Rauwolfia vomitora

- Contre le paludisme ;
- Contre les vers intestinaux ;
- Sert à la fabrication de la quinine.

Figure 70 : Rauwolfia vomitora

Gratter la racine fraîche dans un verre d'eau, mettre au soleil pendant quelque temps et prendre avec une cuillerée à soupe matin et soir. Cela est exclusivement réservé aux adultes.

g). Cassia alata

Contre :

- La mycose ;
- La constipation ;
- L'hypertension ;
- L'infection urinaire et
- La gonococcie.

Figure 71 : Cassia alata

Ecraser les feuilles fraîches, mouiller avec du sel indigène et frotter localement là où se trouve la mycose. Verser une tasse d'eau bouillante sur les feuilles sèches en laissant reposer dix minutes et filtrer en vue de boire le soir avant le coucher afin de lutter contre l'infection urinaire et l'hypertension. Il commencera à agir après huit heures de temps et il ne faut pas oublier de boire trois litres d'eau chaque jour en vue de combattre la constipation.

h). Dioscorea (de la famille de dioscoreacea)

Figure 72 : Dioscorea alata (Igname)

Contre les brûlures et calme la douleur.

Prendre les feuilles fraîches, les laver, les piler puis les appliquer sur les brûlures.

i). Musa (de la famille de musacea)

Contre les infections et pour la cicatrisation des plaies simples.

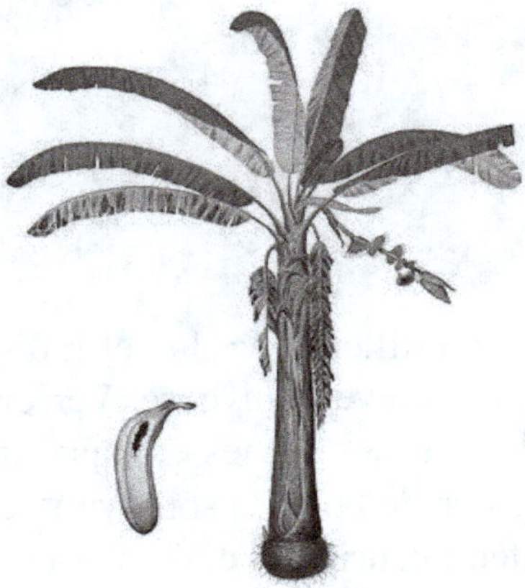

Figure 73 : Musa

- Prendre un morceau de tronc de banane, petit et mince comme compresse et maintenir avec une bande propre ;
- En cas de brûlure grave, couper le tronc de bananier et faire couler la sève sur la partie atteinte.

j). Amonidium mannii

Contre :

- Les rougeoles ;
- La stérilité et
- L'infection génitale.

Figure 74 : Amonidium mannii

Figure 75 : Amonidium mannii (Graine)

Prendre des écorces d'une longueur de la main, faire une décoction avec deux litres d'eau, réduire à un litre. Ceci est la dose pour deux jours de traitement. Boire ½ verre matin et soir pendant deux jours puis faire un lavement (purger) d'un verre bambou tous les 2 jours. Le temps de traitement prend quatre à six jours. Pour un enfant, diminuer la dose à une cuillerée à soupe matin et soir. Pour le purger, il faut prendre une petite poire de 80 g.

k). Morinda morindoides

Contre le paludisme. Infuser ses feuilles fraîches et sèches pendant 15 à 20 minutes, laisser refroidir et prendre 1 verre le matin et soir. Durée de traitement trois à sept jours selon la gravité du symptôme de la maladie.

l). Morinda lucida

Contre l'infection de l'œil et de l'oreille.

Figure 76 : Morinda lucida

Figure 77 : Morinda lucida (Avec graine)

Prendre trois à cinq feuilles fraîches que l'on doit froisser pour en faire sortir le jus. Mettre un peu d'eau dans un cornet et instiller dans l'œil ou l'oreille qui est malade.

Tableau 37 : Quelques plantes médicinales du Nord-Ubangi

N°	**Noms scientifiques**	**Noms ngbandi**	**Maladies à combattre**
01	Alchonea cordifolia	Mbonzi-Mbonzi	Paludisme, troubles mentaux, insomnie, maux de dents et amibe
02	Boerhavia diffusa	Lènzè	Rate, paludisme, accouchement difficile et hémorragie dentaire, etc.
03	Euphorbia hirta	Tamè	Amibe, diarrhée et asthme.
04	Artemisia alescinthium	Bèngè	Vers intestinaux et hernie.
05	Fagara xanthoxyloides	Bolongo	Infection dentaire, plaie locale et angine.
06	Rauwolfia vomitora	Ngèndè ngboli	Paludisme, vers intestinaux et fabrication de la quinine.
07	Cassia alata	Kasia	Mycose, constipation, hypertension, infection urinaire et gonococcie.
08	Dioscorea	Gwi	Brûlure, calme la douleur.
09	Musa	Fondo	Infection et cicatrisation des plaies simples.
10	Amonidium mannii	Mbombi (cœur de bœuf)	Rougeole, stérilité et infection génitale.
11	Morinda morindoides	Ngonzo konga	Paludisme
12	Morinda lucida	Gèlè (kongo bololo ya nzeté)	Infection de l'œil et de l'oreille.

Source : ICCN/ Gbadolite 2014.

III.2. Plantes toxiques

À part les polluants chimiques (les pesticides et autres), les Nord-Ubangiens utilisent les plantes toxiques pour empoisonner les poissons dans l'eau (douce) et les animaux. On retrouve ces plantes partout à travers les forêts de l'Ubangi et cette pratique est dangereuse pour la santé humaine. Quelques plantes toxiques sont énumérées dans le tableau 38 ci-dessous.

Tableau 38 : Quelques plantes toxiques du Nord-Ubangi

N°	Noms scientifiques	Observation
01	Tephrosia vogelli	Utilisation de ses feuilles pilées pour la pêche
02	Thevetia peruviana	Utilisation des graines et feuilles pilées pour la chasse.
03	Opuntia ficus	Extraction de latex pour la pêche
04	Cereus	Extraction de latex pour la pêche.

Source : Notre recherche 2014

Figure 78 : Tephrosia vogelli

En dehors des plantes toxiques énumérées ci-dessus, les villageois utilisent également deux espèces de plantes non encore scientifiquement identifiées pour empoisonner l'eau et les poissons, dont nous comptons mener la prochaine fois une étude spécifique. Elles sont appelées respectivement en langue locale (Ngbandi) **kode** qui est de la famille Apocynaceae et **mbolo** qui est un arbre sauvage qui porte ses graines sur la tige. Le mbolo empoisonne les poissons dans l'eau à partir de son latex que les villageois utilisent.

Figure 79 : Opuntia ficus (Toxique)

Figure 80 : Thevetia peruviana (Toxique)

Figure 81 : Graine de Thevetia peruviana (Toxique)

III.3. Les plantes de biocarburant

Le Nord-Ubangi, par ses atouts forestiers, regorge naturellement de plantes de biocarburant pour pouvoir lutter contre la pollution qui menance la vie sur notre planète Terre. Parmi celles-ci, on trouve, par exemple :

- Jatropha curcas ;
- Ricinus communis ;
- Elaeis guineensis ;
- Phoenix dactylifera.

Figure 82

Figure 83

Figures 82 et 83 :
Jatropha curcas (Plante de biocarburant)

Figure 84 :
Elaeis guineensis (Palmier à huile)

TROISIÈME PARTIE

GOUVERNANCE ET GESTION DES RESSOURCES NATURELLES POUR UN DÉVELOPPEMENT DURABLE

La gouvernance dans le Nord-Ubangi doit être considérée ici comme un ensemble des établissements, des procédés et des traditions qui dictent l'exercice du pouvoir, la prise de décision et la façon dont les Nord-Ubangiens font entendre leur voix. L'État congolais et ses administrés sont donc concernés par la problématique de la gouvernance.

Tandis que la politique de gestion des ressources naturelles pour un développement durable permettra aux ruraux pauvres d'échapper à la pauvreté de façon permanente grâce à des moyens d'existence et à des écosystèmes plus productifs et plus adaptables.

Et permettra également aux ruraux la reconnaissance de la valeur économique, sociale et culturelle des actifs naturels et la sensibilisation à leur égard.

CHAPITRE I

LA GOUVERNANCE

I.1. Concepts de la bonne gouvernance

- Selon la Banque mondiale : "*La bonne gouvernance est la manière avec laquelle le pouvoir est exercé dans la gestion publique des ressources économiques et sociales en vue du développement.*"[37]
- Pour la Coopération pour l'aide au développement (CAD) et l'Organisation de coopération pour le développement économique (OCDE) : "*La bonne gouvernance est l'exercice du pouvoir politique ainsi que d'un contrôle dans le cadre de l'administration des ressources de la société aux fins de développement économique et social*"[38].

---

[37] World Bank, managing development the governance dimension, Washington, 1996.

[38] DAC-OECD, Orientations du CAD sur le développement participatif et la bonne gestion des affaires publiques, Paris, 1993.

Le PNUD définit la bonne gouvernance sur la base de sept caractéristiques principales : *la légitimité politique et l'imputabilité, la liberté d'association et la participation, l'existence d'un système judiciaire fiable, la responsabilisation des bureaucraties, la liberté d'information et d'expression, la gestion efficace et efficiente du secteur public et une coopération avec les organisations de la société*[39].

Par contre, dans le Nord-Ubangi, plusieurs insuffisances et dysfonctionnements entachent la gouvernance et ce à tous les niveaux susmentionnés, notamment :

- l'absence de participation et d'intégration de l'ensemble des composants de la société et des espaces territoriaux dans la voie du développement ;
- l'absence de responsabilisation et de reddition des comptes de la part des gestionnaires des affaires publiques ;
- les défaillances marquant le système judiciaire ;
- la corruption comme l'une des manifestations de la mauvaise gouvernance.

I.2. Evaluation des efforts pour améliorer la gouvernance dans la province du Nord-Ubangi

Si la RDC a pris l'initiative d'engager des réformes visant à promouvoir la bonne gouvernance, l'efficacité des efforts consentis n'a cependant pas pu être confirmée, dans la mesure où des écarts persistent entre, d'un côté, la législation et les dispositions prises et, de l'autre côté, la pratique et les résultats réels à différents niveaux.

---

[39] Public Sector Management, Governance and sustainable Human Development, New York, 1995.

Au niveau de l'amélioration de l'environnement des affaires, même si les efforts fournis ont permis d'attirer les capitaux et les investissements étrangers, ils n'ont pas permis encore à la RDC en général et au Nord-Ubangi en particulier d'améliorer significativement la compétitivité pour gagner des parts dans les marchés régionaux ou internationaux et donc d'augmenter le rythme de développement[40].

En ce qui concerne la gestion publique, malgré tous ses acquis en la matière, plusieurs dysfonctionnements ont été soulignés, à savoir :

- une gestion des ressources humaines avec des insuffisances en matière de gestion de carrière ;
- une gestion des marchés publics, caractérisée par un pouvoir discrétionnaire quasi absolu du maître d'ouvrage ;
- une gestion déléguée des services publics qui manque de critères objectifs définissant les secteurs productifs susceptibles d'être cédés dans ce cadre et ne s'étend pas pour inclure la tarification des services, etc.

De leur côté, Ferdinand Kapanga Mutombo[41] et Kheimaïs Chammari[42]donnent une définition beaucoup plus réaliste de la gouvernance : la bonne gouvernance est «l'exercice de l'autorité politique, économique et administrative pour gérer à tous les niveaux les affaires d'un pays. Elle comprend,

---

40 I. HAJEK., P. HAMMAN., La gouvernance de la ville durable, entre déclin et réinventions, Presses Universitaires de Rennes (PUR), France, 2015.

41 KAPANGA, M. F., La bonne gouvernance et le développement humain, in LIGUE CONGOLAISE DES ELECTEURS, p.9.

42 CHAMMARI, K., Gouvernance, décentralisation, droits de l'homme et société civile, Atelier sur la gouvernance à l'intention des journalistes maghrébins, Nouakchott, 17 au 18 mai 2000.

de ce fait, les processus, les mécanismes et les institutions au moyen desquels les citoyens et les divers groupes articulent leurs intérêts, exercent leurs droits, assurent leurs obligations et négocient pacifiquement et conformément à des lois, donnant une chance égale à tous et à toutes, leurs différends et leurs conflits ». Englobant en plus de l'Etat, le secteur privé, et la société civile, la gouvernance, qualifiée de bonne au sens où elle doit tendre à une amélioration progressive et continue, ajoute ainsi une dimension normative aux objectifs de gestion et de croissance ».

Au niveau de la gestion de l'information, son cadre législatif et administratif en est encore à ses débuts, en l'absence d'une loi relative à l'accès à l'information, en plus de l'utilisation limitée des nouvelles technologies pour sa diffusion.

L'opérationnalisation rationalisée de la bonne gouvernance se fait au travers des institutions et celles-ci peuvent être classées en trois grandes catégories :

□ Les institutions politiques et juridiques qui doivent s'intéresser à la promotion de l'État de droit et de la démocratie, au respect des règles et principes, à l'accès des populations à la justice et la sécurité.

□ Les institutions économiques dont l'objectif est d'assurer le fonctionnement efficace et efficient de l'activité économique et la gestion optimale des ressources économiques.

□ Les institutions sociales et communautaires qui doivent favoriser l'amélioration de la qualité de la santé et de l'éducation des populations ainsi que leur consultation et leur participation au processus de développement.

I.3. Piliers de la bonne gouvernance

Il convient tout d'abord de se référer à la définition de la bonne gouvernance proposée par les Nations unies qui en résume les composantes et les principaux aspects, comme « *une approche participative de gouvernement et de gestion des affaires publiques, basée sur la mobilisation des acteurs politiques,* économiques *et sociaux, du secteur public ou privé ainsi que la société civile, dans le but de garantir le bien-être durable de tous les citoyens* ». Il est à signaler que la bonne gouvernance est basée sur quatre piliers :

- L'Intégrité comme système de règles et de valeurs encadrant la responsabilité de sauvegarde des ressources et biens publics et garantir leur utilisation efficiente ;
- La transparence, essentielle pour garantir l'accès public aux informations exactes et à jour avec possibilité de diffusion ;
- L'intégrabilité comme engagement collectif pour assurer une large participation de l'ensemble des acteurs de la société dans la préparation et la mise en œuvre des politiques publiques ;
- La responsabilisation et la reddition des comptes afin de garantir une gestion optimale des ressources matérielles et humaines et de lier les réalisations aux objectifs tracés.

I.4. Principales orientations pour améliorerla gouvernance dans le Nord-Ubangi

À cet égard, le Nord-Ubangi doit donner la priorité à l'amélioration de la gouvernance et la consolidation des fondements de l'intégrité, de la transparence et de la responsabilisation conformément à des orientations principales, notamment :

Primo : renouvellement des approches de planification comme moyen efficace pour la bonne gouvernance par la promotion d'une culture de responsabilisation, l'évaluation des programmes et des projets, la mise en œuvre de mécanismes de veille stratégique et la connaissance approfondie de la société ;

Secundo : rationalisation et interactivité du système de prise de décision, en orientant les efforts vers plus de transparence pour les acteurs politiques, économiques et sociaux ;

Tertio : mise en place d'une administration citoyenne moderne, se caractérisant par des structures administratives stables, par la valorisation des ressources humaines, la coordination et l'intégration des politiques publiques et la rationalisation de la gestion publique ;

Quarto : promouvoir l'intégrité, l'indépendance et l'efficacité du système judiciaire,

Quinto : donner un nouveau souffle à la politique de décentralisation, comme principal domaine pour étendre la portée de la pratique démocratique, favoriser l'organisation de la politique de proximité et la participation de la population et à surmonter la complexité et la lenteur des procédures de prise de décision ;

Sexto : moralisation globale de l'environnement des affaires, en renforçant les mécanismes nécessaires pour garantir la concurrence et assurer la liberté des marchés et la prévention de toutes les pratiques illégales ;

Septimo : lutte contre la corruption, selon une approche globale et participative qui intègre des mesures préventives, contraignantes et éducatives, impliquant tous les acteurs du secteur public et privé et la société civile, visant la consolidation d'un système provincial d'intégrité afin de promouvoir les valeurs de transparence et de responsabilisation et de reddition des comptes, que ce soit dans la gestion publique ou privée.

Selon Ali Kizancingil, la gouvernance c'est un État où « l'administration publique a pour mission non plus de servir l'ensemble de la société, mais de fournir des biens et des services à des intérêts sectoriels et à des clients consommateurs, au risque d'aggraver les inégalités entre les régions du pays[43] ». Nous estimons que pour asseoir la bonne gouvernance dans le Nord-Ubangi, il y a lieu que :

- L'accent soit mis sur l'homme plutôt que sur les structures ;
- La démocratie soit renforcée, car c'est elle qui génère la bonne gouvernance ;
- Le contrôle des lobbies soit prévu ;
- La volonté générale des acteurs politiques s'affiche ;
- L'éducation soit développée et intensifiée pour qu'un plus grand nombre puissent jouer leur rôle de citoyens responsables ;
- Des garde-fous empêchent les sociétaires de privilégier leurs intérêts privés au détriment de ceux de la communauté ;
- La participation à l'économie nationale par la transformation des produits sur place soit assurée[44] ;

---

[43] KAZANCINGIL, A., Gouvernance et science : mode de gestion de la société et production du savoir empruntés au marché », *Revue internationale des sciences sociales,* Unesco, Paris, n°155, mars 1998.

[44] OCDE : La gouvernance pour le développement durable, *op.cit.*, 2002.

- La primauté soit accordée à la transparence et au contrôle.

I.5. Les enjeux de la décentralisation

La décentralisation, c'est-à-dire le transfert de compétences de l'État vers les collectivités territoriales, représente une démarche adaptée de « re-légitimation » de l'action publique, à l'heure où celle-ci est parfois contestée, à travers la mise en place d'institutions plus proches des citoyens, favorisant leur participation à la vie publique et incitant les autorités, par leur proximité avec les citoyens, à une plus grande redevabilité sur leurs réalisations.

Elle permet également de mettre en œuvre une politique mieux adaptée aux besoins des populations, notamment en termes de services essentiels, et d'impulser une dynamique économique locale capable de stimuler le développement de la collectivité.

En Afrique, la décentralisation est ainsi devenue une priorité politique affichée par de nombreux États depuis la fin des années 1980. Ces processus sont également très divers, fruits d'héritages et d'histoires particuliers.

Par ailleurs, le constat général est que la décentralisation administrative et le transfert des compétences aux collectivités locales ne s'accompagnent pas d'un transfert de ressources humaines et financières adaptées et suffisantes. En RDC particulièrement, il n'existe ni réelle fonction publique territoriale, ni dotation de l'État, ni fiscalité locale suffisantes pour répondre aux besoins des collectivités.

Dans ce contexte, les autorités locales manquent souvent des moyens humains et financiers qui leur permettraient de faire face aux multiples enjeux de la gestion de ces territoires en devenir. Dans le même temps, de manière paradoxale, ces collectivités territoriales sont considérées, de plus en plus, comme des acteurs incontournables des dispositifs locaux de développement, suscitant des attentes importantes de la part de la société civile en matière de services et d'équipements publics de proximité.

I.6. Différents concepts liés à la décentralisation

Déconcentration, décentralisation, gouvernance locale, de quoi parle-t-on ?

Il est nécessaire de clarifier ces termes, sachant que, dans la pratique, ceux-ci sont articulés entre eux.

a). Déconcentration

La déconcentration est entendue comme étant un « système administratif et politique hiérarchisé dans lequel le pouvoir central délègue ou transfère des pouvoirs de décision à des services ou des autorités qui le représentent localement »[45]. La déconcentration rapproche le service du citoyen, mais l'essence de la décision reste au niveau central. La déconcentration vise essentiellement à améliorer l'efficacité et l'efficience administratives.

b). Décentralisation

La décentralisation est entendue ici comme un processus qui débouche sur la mise en place d'un « système administratif et politique dans lequel certains pouvoirs de décision sont assumés par des organes autonomes généralement élus ayant personnalité juridique, ressources et autorité propres »[46]. La décentralisation est donc un processus qui concerne les rela-

---

45 Le Petit Larousse, grand format, Paris, p. 304.

46 Le Petit Larousse., op.cit.

tions entre l'État et des institutions publiques locales. C'est donc bien un processus politique, basé sur un partage du pouvoir politique, l'État octroyant une autonomie de décision et de gestion pour certaines compétences à des autorités locales généralement élues. La décentralisation vise à la fois à améliorer la fourniture des services au citoyen en se basant sur la proximité de la collectivité territoriale avec celui-ci et à permettre l'exercice de la démocratie locale par le développement d'une maîtrise d'ouvrage locale[47].

c). Gouvernance locale

La gouvernance locale est entendue comme étant « l'ensemble des régulations (politiques, économiques, culturelles...), dans un territoire donné qui permettent à une société locale de vivre ensemble d'une manière apaisée et de garantir sa pérennité à long terme.

La gouvernance locale consacre le partage du pouvoir avec les citoyens dans une approche plus horizontale de la décision politique. La gouvernance locale vise à permettre aux citoyens et aux acteurs du territoire en général de participer à l'action publique locale.

Plusieurs définitions peuvent encore être avancées. Même si elles sont nombreuses, le terme gouvernance a trait en général à la nature des droits qui façonnent l'exercice du pouvoir politique et à la relation qui existe entre ceux qui sont au pouvoir et ceux qui ne le sont pas[48].

---

47 M. VERPEAU., C. RIMBAULT., F.WASEMAN., Les collectivités territoriales et la décentralisation, Documentation française (8e édition), France, 2015.

48 AGENCE CANADIENNE DE DÉVELOPPEMENT INTERNATIONAL (ACDI), *La gouvernance en Afrique,* online : *http : www.acdi.org.*

d). Vision politique de la décentralisation

La vision politique de la décentralisation privilégie la recherche de la capacité des territoires à s'organiser, à prendre des décisions, à définir leurs orientations politiques dans le cadre de l'autonomie qui leur est confiée par l'État et en interaction dynamique avec celui-ci. Le rôle des collectivités territoriales reste largement méconnu et la question de leur financement fait toujours débat[49]. Elle conçoit la décentralisation comme le moyen de :

- contribuer à la paix sociale et à la sécurité nationale et mondiale par le développement et la gouvernance des territoires ;

- relégitimer l'État et les institutions publiques à partir du développement d'institutions, de services et d'un projet de territoire ;

- développer une diversité politique, des équilibres et un dialogue au sein des assemblées délibératives des collectivités territoriales, entre les collectivités territoriales elles-mêmes et entre les collectivités territoriales et l'État ;

- mettre en place un tapis d'absorption des crises au niveau territorial, renforçant la résilience des territoires ;

- donner une solution politique à des revendications locales actuelles ou à venir en garantissant la capacité des territoires à définir et mettre en œuvre des politiques territoriales adaptées à leurs spécificités territoriales ;

- concilier au sein du territoire national les attentes, enjeux et particularités des situations locales, en développant l'autonomie des territoires ;

---

49 MARYVONNE BONNARD., Les collectivités territoriales, Documentation française (4e édition), France, 2009.

- permettre une meilleure implication des citoyens dans la gestion de la chose publique, en développant des espaces de participation à la définition, la mise en œuvre et au contrôle des politiques publiques.

Cette vision se rapproche des visions « fédérales » de l'organisation de l'État et vise à articuler la décentralisation et la gouvernance territoriale. Le référentiel qui sous-tend cette vision de la décentralisation est basé sur :

- *L'État de droit et la démocratie* : Garantir le respect du vote des citoyens, l'égalité de traitement des collectivités territoriales par l'État, quels que soient les résultats électoraux ;

- *L'autonomie locale* : Garantir aux responsables élus la capacité à gouverner le territoire sans ingérence de l'État central ou de ses représentants ;

- *Le respect de la diversité dans l'unité* : Permettre, dans le cadre national, à chaque collectivité territoriale d'opter pour le mode de fonctionnement qui lui convient et de définir ses choix de politiques publiques ;

- *La participation, la transparence et la redevabilité* : Permettre aux citoyens organisés de s'impliquer dans la chose publique et de jouer un rôle à la fois de co-production des politiques publiques et de contrôle citoyen sur celles-ci ;

- *La reconnaissance du territoire* : Reconnaître le territoire comme brique de base de la gouvernance ;

- *La lutte contre la pauvreté, les inégalités et l'exclusion* : Mettre en place un système et des politiques d'intérêt général permettant de contribuer à réduire les inégalités et à limiter les phénomènes d'exclusion.

CHAPITRE II

GESTION DES RESSOURCES NATURELLES

II.1. Mauvaise gestion des ressources naturelles dans le Nord-Ubangi

L'agriculture, l'exploitation forestière et minière ainsi que la collecte de combustibles ligneux sont les premiers responsables de la déforestation qui entraîne une perte énorme d'hectares et la destruction massive d'habitats et niches écologiques. S'y ajoute le prélèvement illicite des ressources zoogénétiques qui constitue une atteinte grave à l'intégrité des aires protégées parce que touchant directement la population faunique.[50]

Le Nord-Ubangi constitue l'une des plus grandes réserves des ressources forestières de la RDC en particulier et de l'Afrique en général. Les forêts du Nord-Ubangi représentent

---

50 NTAYINGI M., Evaluation des impacts résultant de l'aménagement des savanes en forêt artificielle, cas de la savane de Mampu, plateau de Batéké (inédit, 2002) p.12.

70 % de la superficie de la province. Elles sont couvertes de zones boisées, de savanes et de zones humides.

Tous ces écosystèmes naturels revêtent une importance considérable à l'échelle mondiale pour la conservation de la biodiversité et le piégeage du carbone ainsi que pour les moyens d'existence de nombreuses populations rurales. Cet environnement naturel riche est l'objet de menaces sérieuses liées entre autres à l'exploitation incontrôlée des ressources ligneuses et au braconnage sauvage.

Toutes ces activités étant souvent menées au mépris du respect des textes des lois promulguées. Pourtant, la gestion des ressources naturelles devrait être concertée entre l'Etat, les communautés locales en obéissant parfois aux injonctions internationales[51].

II.2. La gestion des forêts du Nord-Ubangi

La population du Nord-Ubangi n'a pas des informations suffisantes sur le phénomène « *changements climatiques, réchauffement climatique, déforestation,* émission de gaz à effet de serre, *etc* ». Les ONG de l'environnement qui devraient défendre ces forêts ne sont pas nombreuses et elles ne sont pas financées pour donner de la matière suffisante à la population.

Les feux de brousse ne cessent pendant la saison sèche de brûler plusieurs milliers d'hectares de forêt et l'homme est souvent le resposable de ces feux.

---

51 P. MERAL. C. CASTELLANET., R. LAPEYRE., La gestion concertée des ressources naturelles, l'épreuve du temps, Gret Karthala, Paris, 2008.

Figure 85 :
Feux
de brousse

Les forêts sont exploitées d'une manière abusive par la population qui est caractérisée par l'ignorance écologique. Elle exploite ces forêts pour les raisons suivantes :

- La construction de maisons non compétitives ;
- Le prélèvement de produits forestiers non ligneux (PFNL) ;
- L'agriculture ;
- La braise ;
- Le miel ;
- L'exploitation minière, etc.

La quasi-totalité des habitants du Nord-Ubangi ont des murs en planches éclatées : ce n'est pas l'habitat traditionnel de la contrée, mais c'est un legs de l'exploitation forestière moderne. Un certain nombre de bois tendres se prêtent à la fabrication de ces planches obtenues par renforcement d'un coin qui provoque l'éclatement, bien droit, du bois : on obtient ainsi facilement, sans sciage, un matériau de construction commode car léger et pas cher.

Certaines personnes se sont spécialisées dans la fabrication de ce matériau qui est très utilisé partout dans le Nord-Ubangi. Par ailleurs, le bois est également utilisé dans la fabrication des outils agricoles (manches) d'ustensile ménagers (planches et rouleaux à pétrir la farine de manioc, cuillers, mortiers et pilons etc.), d'instruments de chasse et de pêche (pièges et nasses), d'instruments de musique (xylophones, tambours, instruments à cordes), de pirogues sur les rivières Ubangi et Mongala et d'autres sources d'eau douce.

En effet, tout le monde sait que l'homme, où qu'il soit au monde, est depuis des milliers d'années le principal destructeur de la nature et il est tentant d'établir une corrélation directe entre la densité des populations humaines et leurs effets néfastes sur l'environnement et la biodiversité.

Il faut admettre que, si l'homme a certainement pu influencer l'équilibre naturel à certaines époques et favoriser la savane par rapport à la forêt notamment au travers de ses feux, il n'a jamais pu empêcher le déroulement de l'histoire. L'omniprésence croissante de l'homme sur la forêt a des effets néfastes.

Jusqu'à nos jours, la majeure partie de la population du Nord-Ubangi est persuadée que la nature est une manne illimitée et inépuisable ; un cadeau de Dieu un peu comme les Occidentaux qui imaginent que la science et la technologie résoudront indéfiniment tous les problèmes.

Dans le Nord-Ubangi jadis, il existait bien des traditions qui visaient à limiter les prélèvements dans le temps ou dans l'espace, mais la plupart de ces ressources ont disparu à cause du regroupement des villages et des mouvements de la population y compris l'accès à la modernité qui suscitent sans cesse de nouveaux besoins et s'accompagnent invariablement d'une monétarisation de l'économie.

De plus, les populations étrangères qui viennent d'autres provinces (les Mbudja à Kota-Koli par exemple) connaissent mal les nouveaux milieux qu'elles colonisent et engendrent généralement sans le savoir des désastres écologiques.

La RDC est appelée à respecter les traités et conventions internationaux ratifiés par elle à l'instar de la convention cadre des Nations unies sur le changement climatique de 1992 qui a mis en place un bon nombre de mécanismes novateurs qui s'inscrivent pour l'heure dans une dynamique processuelle, notamment le REDD en vue de faciliter la bonne gestion forestière du Nord-Ubangi.

À cet effet, il est question de promouvoir la sauvegarde des écosystèmes et la valorisation de la biodiversité, notamment :

- Sensibiliser les communautés locales sur la bonne gestion de la forêt en recourant à la culture écologique ;
- Redynamiser les brigades de chasse, de pêche….,
- Enfouir tous les déchets loin des cours d'eau en respectant les normes internationales ;
- Ne pas détruire les niches écologiques ou lieux de nidification des espèces fauniques ;
- Ne pas perturber les voies de passage des animaux.

II.3. Gestion des ressources halieutiques

Le Nord-Ubangi a toute une gamme de poissons rares à protéger qui vivent dans les rivières où l'on trouve le poisson Capitaine et dans d'autres cours d'eau douce, des claridés, des anabantidés, des mamuridés etc.

Les méthodes culturales traditionnelles et désordonnées, qui consistent à pêcher les poissons par de produits chimiques toxiques et à l'aide de plantes toxiques (Tephrosia vogeli, Opuntia ficus…), entraînent la destruction de tous les poissons y compris les alevins qui assument la pérennité des espèces. Outre les plantes toxiques, les villageois utilisent aussi certaines techniques de pêche qui n'épargnent pas les petits poissons en croissance notamment :

- La pêche en ligne ;
- La pêche avec filet de petites mailles.

Ces méthodes artisanales et intensives présentent des dangers et provoquent la disparition de certaines espèces rares à protéger.

II.4. Gestion de la faune du Nord-Ubangi

Le Nord-Ubangi possède une importante ressource animale où on trouve des espèces rares notamment : les okapis ; les bonobos etc. qui pourraient faire l'objet d'une conservation formelle, mais ces espèces sont aujourd'hui menacées par le braconnage. Les braconniers (Chasseurs incontrôlés) tuent les okapis et autres espèces avec des pièges, des filets de chasse, des fruits de plantes toxiques et des fusils de fabrication locale.

Cette malheureuse situation pourrait à notre avis interpeller les autorités locales, provinciales, nationales et les instances internationales pour assister ces forêts du Nord-Ubangi qui peuvent être organisées en parc national de l'Ubangi.

II.5. Gestion des ressources minières dans le Nord-Ubangi

Dans le Nord-Ubangi, les territoires de Mobayi-Mbongo et de Yakoma sont victimes de la dégradation environnementale causée par l'exploitation du diamant et de l'or. La politique environnementale n'est pas clairement définie sur les sites exploités. Les milieux exposés à la dégradation due aux impacts de travaux d'exploitation sont :

- Le milieu physique : le sol, l'eau de surface et souterraine, l'air, etc. ;
- Le milieu biologique : la faune et la flore ;
- Le milieu sociologique : la population (travailleurs, villageois).

a). Impacts du forage des puits sur ces différents milieux

□ Milieu physique : perturbation de la morphologie du terrain avec, comme conséquence, le déséquilibre géo-mécanique du sol, qui entraîne des amorces d'érosion, pollution de l'air (poussière dans l'air), pollution des eaux de surface ;

□ Milieu biologique : destruction de l'habitat de certains animaux, rabougrissement des plantes aux abords des puits ;

□ Milieu sociologique : des maladies pulmonaires sur les travailleurs et décès enregistrés en catastrophes dans le groupement Votê et Kota-Koli (territoire de Mobayi-Mbongo).

b). Impacts sur l'aménagement de campements

L'aménagement de campements a plus d'impacts négatifs majeurs sur le milieu physique et biologique que sur le milieu sociologique. En effet, le défrichement, le dessouchage, le désherbage ainsi que le déboisement ont comme conséquence la diminution de l'humidité relative. Ce qui a provoqué la disparition de certaines espèces floristiques caractéristiques. Ces actions ont modifié la structure du sol et amènent ainsi des amorces d'érosion.

c). Impacts par la circulation intensive des motos

La circulation intensive des motos a entraîné la migration des espèces terrestres, des fuites accidentelles d'hydrocarbures et autres lubrifiants utilisés, ont atteint les cours d'eau souterrains ou de surface par infiltration et ruissellement, les animaux aquatiques et les hommes sont exposés à ces impacts négatifs. Les impacts environnementaux dans les sites exploités sont répartis dans le tableau 39, ci-dessous.

Tableau 39 : Impacts environnementaux dans les sites d'exploitation

Impacts	**Cibles de l'impact**	**Étendue de l'impact**
Défrichement	Végétation	Le long des pistes
Perturbation des niches écologiques	Faune	Le long des pistes
Modification de la topographie	Sol	Le long des pistes
Emission de poussière	Flore, faune, eaux de surface	Le long des pistes
Réduction de la photosynthèse	Flore	Le long des pistes
Détérioration de la qualité de l'air et des eaux de surface.	Homme et air	Aux environs

Source : Notre recherche 2013.

Tableau 40 : Impacts environnementaux dus à la circulation des motos

Impacts	**Cibles de l'impact**	**Étendue de l'impact**
Augmentation de bruit et de vibration dans les périmètres	Homme, faune et sol	Dans le périmètre et les environs
Réduction de la photosynthèse (poussière et lubrifiants)	Flore, faune et l'homme	Dans le périmètre
Pollution des eaux de surface	Eaux de surface	Eaux de surface
Détérioration de la qualité de l'air (poussière, co2)	Sol et flore	Le long des pistes
Destruction du sol	Flore et sol	Le long des pistes
Accident de circulation	Faune et population locale	Le long des pistes

Source : Notre recherche 2011

L'enjeu de développement revient à imaginer de nouvelles formes de production et de consommation, non polluantes, innovantes quant à la gestion des déchets, plus responsables dans la relation entre celui qui fabrique le produit et celui qui l'utilise.

Tableau 41 : Impacts environnementaux dus aux campements

Impacts	**Cibles de l'impact**	**Étendue de l'impact**
Destruction de la végétation	Flore et faune	Espace aménagé
Feux de brousse	Végétation	Camps d'exploitation
Pollution des eaux souterraines (latrines, déchets enfuis)	Eaux souterraines	Le périmètre
Détérioration de la qualité de l'air due aux ordures et poussières	Homme et faune	Le périmètre
Pollution des eaux de surface (eaux de ruissellement traversant les sites de campement)	Eaux de surface et l'homme	Le périmètre
Érosion hydrique	Sol et végétation	Espace aménagé
Modification de la surface topographique du sol	Sol et végétation	Espace aménagé.

Source : Notre recherche 2011.

II.6. Les principes fondamentaux de la politique de gestion des ressources naturelles

L'accélération de la dégradation de l'environnement amoindrit les actifs naturels des ruraux pauvres. Sur 1,4 milliard de personnes en situation d'extrême pauvreté au niveau mondial, 1 milliard environ vivent en milieu rural, et les trois quarts d'entre elles tirent leurs moyens de subsistance de l'agriculture et d'activités connexes. La gestion durable de l'environnement et des ressources naturelles est essentielle à la réduction de la pauvreté dans les zones rurales.

Les ruraux pauvres doivent résoudre un ensemble imbriqué de problèmes de gestion des ressources naturelles. Ils subissent de plein fouet les effets du changement climatique ; les écosystèmes et la biodiversité dont ils dépendent sont de plus en plus dégradés ; l'accès aux terres cultivables et leur qualité diminuent ; leurs ressources forestières sont de plus en plus limitées et détériorées ; l'agriculture paysanne non irriguée prédomine et l'eau se fait plus rare ; la tendance à long terme des prix de l'énergie et des intrants agricoles est haussière ; et le déclin des ressources halieutiques et marines risque de les priver de revenus et d'aliments essentiels.

Les pratiques agricoles nuisibles à l'environnement sont une cause première de ces problèmes. Cependant, les approches inappropriées à l'origine d'une surutilisation des engrais et des pesticides, de la pollution des cours d'eau et des réservoirs aquifères, de l'accumulation de sel dans les sols, de l'assèchement des grands bassins fluviaux, de l'abaissement du niveau des eaux souterraines et de la diminution de la biodiversité des cultures suscitent de plus en plus d'appréhension.

Sur une grande partie du continent africain, les problèmes sont d'un autre ordre : la prédominance de l'agriculture sèche avec une utilisation faible, voire nulle, d'engrais biologiques ou non, l'érosion des sols et les difficultés d'accès aux variétés de semences. Cette dégradation de l'environnement s'explique principalement par la gouvernance déficiente, des politiques néfastes et l'évolution des habitudes de consommation : la plupart des ruraux pauvres, y compris les petits exploitants agricoles, sont marginalisés et ne sont donc pas en mesure de gérer les ressources naturelles de façon durable.

L'absence de droits fonciers et d'accès à la propriété foncière qui sont clairement établis n'incite pas à la conservation des actifs naturels ; les politiques commerciales et les subventions, entre autres aux combustibles fossiles, ayant un effet de distorsion sont des facteurs de causalité déterminants ; et la croissance démographique est forte à l'échelle mondiale.

De plus, les terres sont de plus en plus convoitées avec l'apparition de la viande dans le régime alimentaire (efficience calorique moindre) et leur utilisation croissante pour la production de biocarburants par opposition aux aliments. Le savoir et la technologie qui permettent de surmonter ces difficultés existent. La solution passe par une « révolution doublement verte » mue par l'agriculture durable qui équilibre les systèmes de production végétale/ animale, halieutique et agroforestière, de manière à éviter les excédents d'intrants et à ne pas compromettre la fertilité des sols et les services écosystémiques, tout en augmentant la production et les recettes.

En utilisant la masse de données probantes de plus en plus importante sur la réussite des investissements en agriculture durable, les acteurs ont une formidable occasion de transposer à plus grande échelle les approches paysagères comportant des avantages multiples qui réduisent la pauvreté, renforcent la capacité d'adaptation, augmentent la sécurité alimentaire, diminuent les émissions de gaz à effet de serre et favorisent l'intensification durable de l'agriculture. Le changement climatique appelle à une intervention urgente.

En vertu de cette politique, dix principes fondamentaux doivent orienter l'appui aux clients en matière de gestion des ressources naturelles et de l'environnement. Ces principes comprennent les questions essentielles à prendre en considération et les approches proposées. En résumé, on prônera ce qui suit :

- augmentation des investissements dans les approches procurant de multiples avantages en vue d'une intensification durable de l'agriculture ;
- reconnaissance de la valeur économique, sociale et culturelle des actifs naturels et sensibilisation à cet égard ;
- approches de développement rural judicieuses sous l'angle de la lutte contre le changement climatique ;
- importance accrue des risques et de la capacité d'adaptation pour la gestion des chocs liés à l'environnement et aux ressources naturelles ;
- action en faveur des chaînes de valeur afin de soutenir la croissance verte ;
- renforcement de la gouvernance des actifs naturels au profit des ruraux pauvres par la propriété foncière et l'autonomisation communautaire ;
- diversification des moyens d'existence afin de réduire la vulnérabilité et de renforcer la capacité d'adaptation en faveur d'une gestion durable des ressources naturelles ;
- égalité et autonomisation des femmes et des autochtones dans le cadre de la gestion des ressources naturelles ;
- amélioration de l'accès des communautés rurales pauvres au financement de la protection de l'environnement et de la lutte contre le changement climatique ; et
- engagement en faveur de l'environnement par un changement des comportements au sein de l'organisation.

CHAPITRE III

DÉVELOPPEMENT DURABLE

III.1. Le développement durable quid ?

Jean-Marie AUBERT ne souligne-t-il pas que la vocation de l'homme est de croître vers plus de plénitude humaine et vers une domination totale du monde[52] ? C'est pourquoi on entend souvent, par développement, le passage des conditions de vie moins bonnes aux conditions de vie (censées) meilleures. C'est dans ce sens qu'il faut comprendre Albertini lorsqu'il écrit : Le développement suppose l'apparition d'un monde nouveau[53].

Il existe actuellement plusieurs définitions de développement. Sans prétendre à l'originalité, nous concevons le développement, aujourd'hui, comme l'expression de la manière

---

52 AUBERT.J.M. , Pour une théologie de l'âge industriel tome I. Église et croissance du monde, Paris, les éditions du Cerf, 1971, p. 193, p.234.

53 ALBERTINI.J.M., Les mécanismes du sous-développement, Éditions Économie et Humanisme, Paris, 1973, p.12.

dont un peuple a réussi ou a échoué dans la façon de matérialiser sa liberté, c'est-à-dire de s'organiser et d'organiser son milieu en vue de la réalisation de l'idéal qu'il s'est lui-même librement choisi. La notion de développement durable est apparue pour la première fois en 1987, dans le rapport aux Nations unies de Mme Gro Harlem Brundtland, alors Premier ministre norvégien.

Le rapport Brundtland définit « le **développement durable** comme un développement qui répond aux besoins du présent sans compromettre la possibilité, pour les générations à venir, de pouvoir répondre à leurs propres besoins »[54]. Les modes de production et de consommation doivent respecter l'environnement humain ou naturel et permettre à tous les habitants de la Terre de satisfaire leurs besoins fondamentaux : se nourrir, se loger, se vêtir, s'instruire, travailler, vivre dans un environnement sain... Contrairement à ce que croient beaucoup de gens, ce concept ne se limite pas à une prise de conscience écologique, mais vise à instaurer un meilleur équilibre entre la dimension économique, sociale et environnementale du développement :

---

54 Commission mondiale sur l'environnement, le développement durable, rapport Brundtland, 1987.

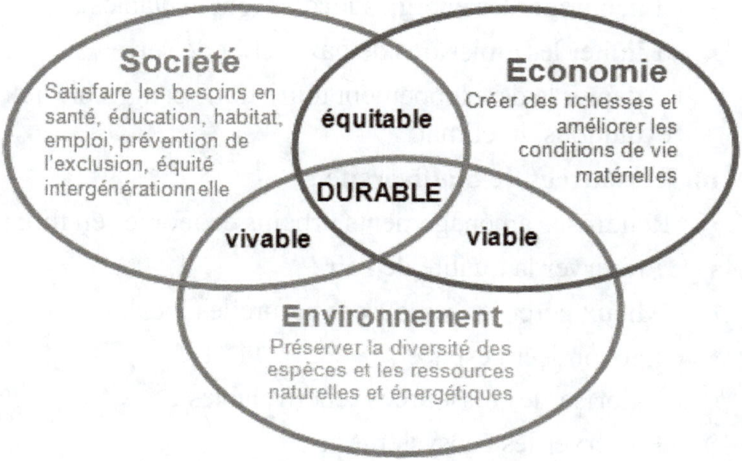

Figure 86 : Diagramme de développement durable (V.André LAMAT)

III.2. Par votre action de développement durable, vous contribuez à[55]

a). Climat :

- Diminuer les émissions de gaz à effet de serre ;
- Adapter le territoire aux changements climatiques ;
- Piéger le CO2 par les végétaux ;
- Adapter les usages de l'eau à l'évolution du climat ;
- Rendre les aménagements urbains économes en flux et préserver la qualité de l'air ;
- Mieux gérer les ressources naturelles locales ;
- Économiser l'espace ;

55 A. DIEMER., C. MARQUAT. : Éducation au développement durable, enjeux et controverse, De Boeck, Belgique, Bruxelles, 2014.

- Encourager les énergies locales renouvelables ;
- Limiter les émissions de gaz à effet de serre ;
- Adapter le développement touristique et agricole aux évolutions du climat.

b). Ressources de biodiversité :

- Rendre les aménagements urbains économes en flux ;
- Préserver la qualité de l'air ;
- Mieux gérer les ressources naturelles locales ;
- Économiser l'espace ;
- Valoriser les ressources renouvelables ;
- Préserver les écosystèmes ;
- Protéger la ressource eau et les milieux aquatiques ;
- Économiser l'eau ;
- Protéger les ressources ;
- Faciliter la valorisation locale des déchets ;
- Réduire les consommations d'énergies non renouvelables.

c). Besoins essentiels :

- Offrir un cadre de vie sain et harmonieux ;
- Améliorer l'accès au logement pour tous ;
- Améliorer la sécurité urbaine et routière ;
- Permettre l'accès de tous à des espaces de détente ;
- Limiter les problèmes de santé liés à la dégradation de notre environnement ;
- Réduire les risques pour le plus grand nombre ;
- Sécuriser les personnes face aux risques naturels ;
- Garantir l'approvisionnement en eau potable et son accès en continu pour tous ;

- Accompagner l'évolution des compétences pour répondre aux besoins des entreprises ;
- Soutenir l'initiative entrepreneuriale, favoriser la reprise et la transmission d'activité ;
- Mieux intégrer les personnes handicapées à la vie locale.

d). Cohésion sociale :

- Améliorer la qualité de l'espace public pour tous ;
- Concevoir des équipements et des services plus accessibles ;
- Favoriser la mixité dans l'habitat ;
- Créer des espaces de rencontre intergénérationnels ;
- Renforcer l'identité du territoire ;
- Créer des temps et des espaces de convivialité ;
- Favoriser la solidarité entre les générations ;
- Innover dans les services à la personne, les développer.

e). Consommation et production :

- Faire évoluer les pratiques professionnelles, valoriser les métiers peu attractifs ;
- Développer des nouvelles filières de production respectueuses de l'environnement ;
- Responsabiliser les citoyens à leur consommation énergétique ;
- Promouvoir des technologies propres et innovantes ;
- Valoriser le patrimoine naturel et culturel dans une offre de tourisme durable ;
- Recourir aux sources locales de matières premières : bois, eau, produits alimentaires… ;

- Maintenir l'activité économique sur le territoire et développer son attractivité ;
- Conjuguer les activités économiques, publiques, sociales et solidaires ;
- Développer les filières locales de services environnementaux.

Les espaces et les équilibres naturels sont indispensables à la vie sur Terre. L'inégalité de la répartition de l'eau, des ressources énergétiques et des sols fertiles est à l'origine de crises géopolitiques et de déplacements de populations. Les dérèglements climatiques risquent d'aggraver ces situations. D'où la nécessité d'intégrer ces préoccupations dans les politiques pour limiter nos émissions de gaz à effet de serre, protéger le patrimoine naturel, favoriser la biodiversité.

L'action politique de proximité peut aider à sensibiliser les citoyens aux écosystèmes, aux richesses locales et à leur préservation. Cette plus grande cohésion entre l'activité humaine et la nature contribue à la qualité du cadre de vie. Seule une utilisation à bon escient peut en garantir la conservation à long terme[56].Le Nord-Ubangi regorge de ressources naturelles renouvelables abondantes et variées qui peuvent offrir des opportunités à la nation congolaise tout entière et aux communautés locales et peuples autochtones en particulier, si leurs exploitations sont rationnelles.

f). Des pistes d'initiatives

- réalisez un inventaire des patrimoines naturels, archéologiques et architecturaux afin de les protéger. Préservez les sites remarquables de l'urbanisation.

[56] Article 2 de la convention sur la biodiversité, sommet mondial de RIO de Janeiro, 1992.

Facilitez leur découverte par le grand public, tout en organisant leur accès.

- créez un conservatoire de la biodiversité à partir duquel vous proposez la sensibilisation et la découverte des milieux naturels au grand public et aux scolaires. Créez des espaces naturels et des niches écologiques dans les quartiers.
- préservez et restaurez les zones humides (tourbières, marais, mares…). Ces lieux accueillant une forte biodiversité ont aussi des fonctions d'épuration et d'absorption. Mettez en place des contrats de rivière, de baie ou de nappe pour aborder la gestion de l'eau dans tous ses aspects et de manière concertée ;
- • protégez la nature ordinaire (bords de routes, espaces verts…), notamment par une gestion différenciée des espaces verts ;
- concevez une trame verte et bleue, visant à maintenir ou à créer des espaces verts ou naturels, à réhabiliter les cours d'eau, leurs berges et les zones naturelles associées, à développer des liaisons vertes ou corridors écologiques entre tous ces espaces ;
- créez un lieu partagé de culture maraîchère, qui respecte l'environnement, qui est également un vecteur d'insertion et de lien social (jardins familiaux, jardins d'insertion…). Soutenez le maraîchage de proximité ;
- mettez en place un schéma de gestion de l'eau potable : cet outil vous offre une vision globale des besoins en eau potable et des solutions pour les satisfaire ;
- limitez l'usage superflu de l'eau, l'utilisation du sel pour le déneigement. Incitez chacun à consommer

l'eau avec parcimonie et invitez la population à récupérer les eaux de pluie ;

- passez des contrats avec les agriculteurs pour qu'ils participent à la préservation et à l'entretien des paysages. Favorisez les pratiques agricoles diversifiées, non polluantes, peu intensives et de proximité, afin de préserver les ressources en eau et la qualité du sol. Organisez des actions de sensibilisation des agriculteurs en collaboration avec les partenaires institutionnels du monde agricole ;
- favorisez la participation de la population à l'élaboration des plans de prévention des risques naturels, notamment des risques d'inondation. Encouragez les personnes âgées, qui détiennent la mémoire des événements d'hier, à transmettre leurs connaissances et leurs souvenirs et communiquez sur les comportements à adopter en cas de catastrophe ;
- luttez contre l'imperméabilisation des sols. Gérez l'eau de pluie au niveau des bassins versants et intégrez cette problématique dans les documents d'urbanisme. Vérifiez que les permis de construire répondent aux règlements, en travaillant du bassin versant jusqu'à la parcelle.
- préservez des zones d'expansion pour les crues des cours d'eau. Développez des pratiques écologiques d'entretien des berges et des milieux aquatiques. Limitez les digues et canalisations qui portent atteinte au milieu naturel et qui repoussent le risque vers l'aval.
- À l'échelle du bassin de vie, créez des partenariats avec les collectivités voisines afin de tisser des liens solidaires entre espaces ruraux et urbains. Cette

dynamique a pour but de partager, équitablement entre les habitants, les avantages et les services du territoire, mais aussi les espaces naturels.

g). Vitalité économique du territoire et développement durable sont-ils compatibles ?

Non seulement ils le sont, mais en favorisant le recours aux ressources locales et à l'innovation, en stimulant les acteurs locaux, un projet de développement durable peut être le moteur d'une nouvelle dynamique territoriale.

Parce qu'il conjugue plusieurs économies : marchande, publique, sociale et solidaire. Il multiplie les sources d'emplois et renforce la capacité du territoire à faire face aux crises.

Il contribue aussi à créer des modes de production et de consommation plus responsables, à réfléchir aux risques et aux nuisances découlant de l'activité humaine, à imaginer des filières de recyclage des déchets qui peuvent aussi concourir à l'essor local.

L'éducation est aussi le gage d'une démocratie vivante où chacun trouve sa place, s'exprime et agit. Les problématiques éducatives et de citoyenneté sont inhérentes au projet de développement durable. Certes, elles concernent directement les plus jeunes, au sein des établissements scolaires et des associations auxquelles ils adhèrent. Mais elles influencent aussi le projet culturel local. Faire de chaque individu un citoyen écoresponsable, grâce à des actions de sensibilisation au respect et au civisme, grâce à un processus participatif actif, découle du projet de développement durable, autant qu'il l'enracine.

Là où il y a précarité, il y a crise écologique et inversement. Pollution, nuisances et risques frappent plus souvent et plus fortement les plus démunis. Permettre l'accès de tous aux besoins essentiels : le logement, l'éducation, la santé, l'emploi, un environnement sain, qui sont considérés comme un fondement du développement durable. La dynamique économique, s'appuyant sur des projets innovants, offre de nouvelles opportunités d'emploi, également à des publics en insertion. Les politiques publiques ont la capacité d'encourager la convivialité, la mixité sociale, les relations entre générations et la lutte contre les discriminations.

Car, la qualité des relations entre les citoyens ne se décrète pas. Elle se construit progressivement autour d'un projet où les habitants, les acteurs de la cité ont tous leur place.

Si l'action est locale, l'enjeu est planétaire. C'est pourquoi les échanges avec d'autres pays du monde, notamment en développement, aident à partager les démarches et les expériences. Les liens de coopération, les jumelages, les voyages culturels et scolaires favorisent ces rencontres.

Les collaborations entre collectivités territoriales permettent, ici et là-bas, d'échanger sur les processus démocratiques et de concertation, tout comme sur la préservation des ressources naturelles. Ces relations partenariales peuvent également contribuer à valoriser les habitants d'origine étrangère et ainsi créer des passerelles pour les associer à la vie locale.

III.3. Événements saillants marquant l'époque de la recherche

Nous ne pouvons pas passer outre, dans cette étude, quelques évènements saillants qui ont marqué la période de notre recherche, notamment :

- Les hippopotames ont tué ;
- Une veuve violée et brûlée au champ ;

- Trois personnes brulées vives à cause de la sorcellerie ;
- L'intronisation d'un chef coutumier Lite (Gbadolite).

a). Les hippopotames ont tué

Horrible mais vrai. Dans les villages riverains (Yomba, Gbiaka, Ngbandi et Basa-Mbondo), des hippopotames féroces ont tué plus de quinze personnes dont une femme enceinte. Il est difficile de traverser la rivière Ubangi et pêcher en vue de gagner son pain. En date du 23 décembre 2011, le village Gbiaka situé à 65 Km à l'Est de la ville de Gbadolite, village du territoire de Mobayi-Mbongo, un hippopotame féroce a tué un pêcheur sur la rivière Ubangi à quatre heures du matin.

Figure 87 : Hippopotamus amphibius

Le pauvre homme (victime) s'appelle Joseph KOKWALE, diacre pratiquant de l'église protestante de ce village et responsable de plusieurs orphelins. Il était assis dans sa pirogue de pêche en train de jeter son filet dans l'eau, les hippopotames féroces l'ont attrapé et l'ont déchiré en morceaux.

Son corps a été retrouvé un jour après, dans un état de décomposition insupportable. Tout le village était scandalisé et il n'y a aucune assistance de la part des autorités locales pour pallier ce problème inquiétant des hippopotames et surtout une assistance humanitaire devrait être indispensable pour consoler la famille éprouvée.

b). Une veuve violée et brûlée au champ

Quelle histoire ! En date du 14 janvier 2012, une veuve, du nom de Ina BEMBE résidente de l'avenue Pangoma, Bloc D/ N° 67, ville de Gbadolite s'est rendue au champ avec son fils GBENA alias PDG. L'objectif était d'aller rapidement prendre les produits du champ et de revenir les vendre au marché central de la ville de Gbadolite.

Ils arrivèrent au champ après la cueillette, la pauvre maman, qui sera victime, s'est hêtée de rentrer avant son fils comme ils en avaient convenu. Hélas ! En route, dans la brousse, la pauvre maman tomba entre les mains d'un inconnu qui la viola et brûla ensuite.

Quand son fils est rentré du champ, il a constaté que sa maman n'était pas arrivée à la maison. Immédiatement, la recherche de la victime fut lancée à travers la ville de Gbadolite par les autorités locales et par sa famille. On trouvera le corps de la victime deux jours après dans la brousse, violé, carbonisé et on identifiera le coupable quelques jours plus tard quand le parquet de grande instance de Gbadolite se sera saisi du dossier.

c). Trois personnes brulées vives à cause de la sorcellerie

Ô tempora, ô mores ! Sur l'avenue Pangoma Bloc/D N° 77, ville de Gbadolite, trois personnes, dont une femme et deux hommes, ont été brûlés vives par les jeunes du quartier à cause de la sorcellerie. Un garçon de 23 ans, du nom de YULUSU, marié, père de deux enfants et élève finaliste en

6e année des humanités qui devrait présenter les Examens d'État édition 2011-2012 avec ses amis est tombé mystérieusement malade et sa guérison posait un sérieux problème. Son père Monsieur YADAPO Haruna avait épousé une autre femme de la foi musulmane au nom de YAGBAKARA Elysée alias Hawa.

Figure 88 : Corps de madame Elysée YAGBAKARA

Ils habitaient tous la même maison sur l'avenue précitée. Voyant que l'état de santé du jeune homme s'aggravait, la famille de sa maman divorcée est allée consulter un marabout à 3 o km de la ville de Gbadolite dans le village Bakpwa dans la commune de Molegbe (Ville de Gbadolite).

Le marabout, saisi du dossier et comme il s'agissait d'argent, a préféré descendre sur les lieux. Finalement, le marabout a cité les noms de trois personnes, dont :

- Monsieur NDEKO habitant la parcelle et agent au Centre de développement agricole et industriel (CDAI) de Gbadolite. Il est également prêtre dans une église locale néo-apostolique et père de deux enfants qui vont rester orphelins ;

- Monsieur MAWA qui est le pasteur d'une église locale de FEPACO NZAMBE MALAMU, une église de réveil, habitant le territoire de Bosobolo en visite dans la ville de Gbadolite et il est l'un des habitants de la parcelle ;
- Madame YAGBAKARA Elysée, alias hawa, de la religion musulmane, et l'épouse de Monsieur YADAPO Haruna, le père du jeune homme malade.

Après le verdict prononcé par le marabout, l'écho de la situation a circulé à travers le quartier et les jeunes du quartier se sont mobilisés spontanément pour forcer les coupables à guérir rapidement et sans condition ce malade. Nous sommes le dimanche 22 janvier 2012 à 17 heures locales, ces jeunes du quartier commencèrent les opérations en faisant entrer les présumés coupables, l'un après l'autre dans la chambre où se trouvait le malade.

Les interrogations commencent et les présumés coupables voyant les pressions sporadiques sur eux, reconnaissent leurs forfaits et les deux hommes accusant la femme d'avoir enlevé le cœur du malade et de l'avoir envoyé chez elle à Mobayi-Mbongo, dont elle est originaire.

Vers 23 heures, les autorités de la ville de Gbadolite ont été saisies de la situation très dangereuse et ont envoyé des policiers qui n'ont pas pu maîtriser la situation. Il est une heure du matin quand les policiers rentrent, le feu du camp est organisé par les jeunes du quartier pour veiller sur les coupables. À six heures du matin, une autorité de la ville, dont nous taisons le nom arrivé sur le lieu où va se passer le drame, elle essaie de calmer la situation mais en vain. Près de 15 minutes après, aucune suite favorable n'est arrivée. Vers huit heures du matin, le jour ouvrable du lundi 23 janvier 2012, la pauvre femme YAGBAKARA Elysée qui, jusque-là ne reconnaît pas les faits, est sortie de la maison par la force quand l'autorité était déjà rentrée et celle-ci est automatiquement récupérée par la foule à l'extérieur, lapidée et jetée dans le feu déjà préparé à cet effet.

Après celle-ci, la foule a opéré de la même manière comme ce fut le cas avec NDEKO, pour y clôturer avec MAWA. Les trois corps sont restés dans les flammes jusqu'aux environs de neuf heures pour voir la présence de la Monusco, les autorités de la mairie de Gbadolite, les policiers… sur le lieu du drame. Ces corps avaient attendu autant d'heures pour être enterrés. La vie d'un être humain est sacrée.

Figure 89 : Corps de Mr NDEKO

Figure 90 : Corps de Mr MAWA

d). Intronisation d'un chef coutumier Lite (Gbadolite)

Dans le Nord-Ubangi, le pouvoir coutumier a toujours été respecté. Tel est le cas pour le groupement Lite dans la ville de Gbadolite. Les groupements qui composent le Nord-Ubangi ont chacun un chef coutumier. Celui-ci travaille en collaboration avec un Capita (chef du village).

Cependant, Gbadolite avant qu'il soit une ville, a été un groupement qui avait un chef coutumier à sa tête, en l'occurrence Monsieur Lite YANGBA Fulgence. Il était polygame il avait plusieurs enfants dont six filles et huit garçons. Avant sa mort, il avait légué le pouvoir à sa fille aînée GENGBA WAWI Léonie.

Juste après la mort de l'ex. Président du ZAIRE, Mobutu, originaire de Gbadolite, une bataille de positionnement s'est déclenchée entre Gengba Wawi Léonie et son cadet Lite Yangba Fulgence. À chaque cérémonie, les deux adversaires se présentaient chacun dans son coin pour représenter le Groupement Lite.

Voyant que cette situation ait perduré depuis plusieurs années, le gouverneur de la province de l'ex grand Équateur qui est éclaté aujourd'hui en cinq provinces dont le Nord-Ubangi, a demandé à Monsieur le maire de la ville de Gbadolite de trouver une solution à cette rivalité dont le compte rendu de la consultation populaire du groupement LITE se trouve ci-dessous.

◊ Compte rendu de la consultation populaire dans le groupement LITE

- Enquête de succession

Il était dix heures quand la cérémonie de la consultation populaire a débuté dans le groupement Lite plus précisément dans le clan Kelenge sur l'avenue Fadu, bloc B, N ° 32, ville de Gbadolite. Conformément au contenu et à la teneur du message n° 2010/054/CAB/PROGOUV/EQ.POLAD/CTS/2012 du 27 mars 2012 émanant du gouverneur de la province de l'ex grand Équateur. Le maire de la ville de Gbadolite a regroupé autour de lui les membres du comité de sécurité en vue de procéder à la consultation populaire qui a pour but la désignation du chef de groupement parmi les membres de la famille régnante du clan Kelenge.

Après l'hymne national, une brève prière a été dite par le Révérend Pasteur Georges de l'église néo-apostolique suivie du mot de circonstance adressé à la population litéenne par le bourgmestre de la commune-mère de Gbadolite qui a passé la parole au maire de la ville, maître de la cérémonie.

L'évènement étant de haute couleur, le maire de la ville a commencé son discours par la lecture du message du gouverneur pour enfin expliquer, à l'assistance et surtout à la famille régnante, le mobile de la rencontre qui les a réunissait ce jour-là. Car, a-t-il souligné le pouvoir coutumier ne relève pas de la compétence de l'autorité politique, mais de la volonté de la famille régnante du groupement.

Ainsi, le maire s'est attardé à définir le profil d'un chef qui exige des critères, tels que :

- La bonne conduite, (vie et mœurs) ;
- Le sens de la sociabilité ;
- L'esprit de créativité pour le développement du milieu ;
- L'esprit d'unité, rassembleur, etc.

Bref, le maire de la ville a terminé son discours en insistant sur le fait que la personne, qui serait désignée comme chef du groupement, serait reçue et investie du pouvoir qui lui était dévolu.

Concernant le gardien du pouvoir coutumier (Toro), la charge a été confiée à Monsieur Nzakpe Labe qui succède à son père feu Labe. Quant à la déclaration historique et l'arbre généalogique, Maman Talando Kelenge, née à Mobayi-Mbongo et âgée de 62 ans, aînée et tante de la famille régnante, a fait la présentation suivante.

La maman Talando Kelenge a en outre précisé que le nœud du conflit qui opposait Maman Gengba Wawi Léonie à son cadet Lite Yangba Fulgence était un problème purement familial que la famille elle-même pouvait résoudre, car lorsque Gengba Wawi Léonie fut arrêtée et transférée à Kinshasa pendant la rébellion et pour combler ce vide ainsi créé pendant cette période, le famille régnante ait confié provisoirement le pouvoir coutumier à Monsieur Kelenge Camille. Les représentants présents de la famille régnante du groupement Lite lors de la consultation, sont les personnes ci-après :

- Madame Talando Kelenge ;
- Monsieur Nezakpe Labe ;
- Monsieur Ngbangbo Yongo ;
- Monsieur Mbombi Hoto ;
- Monsieur Gbangu Mbombi ;
- Madame Hapu Yalabe ;
- Madame Dagbiati nvenengbende ;
- Madame Mongbonga ;
- Madame Yagbongbo Doli ;
- Monsieur Tosoma Wawi ;
- Monsieur Siosa Labe ;
- Mademoiselle Kelenge Lite ;
- Monsieur Keta Labe.

- Présentation des candidats chefs du groupement Lite

Il est demandé à chaque candidat de présenter son projet de société devant la hutte incarnant le pouvoir coutumier.

- La candidate Gengba Wawi Léonie, avant de prendre la parole, a invoqué l'esprit de ses ancêtres pour la protection de son groupement. Après avoir détaillé l'historique de la succession du pouvoir coutumier du groupement Lite, la candidate a présenté son projet de société en se basant sur le profil d'un chef digne de son nom.

- Le candidat Lite Yangba Fulgence, de même que son adversaire, a commencé par invoquer tous ses ancêtres avant de préciser qu'il était le fils légitime de feu Fulgence Lite Yangba et non un enfant adultérin comme beaucoup de gens le disent. Ainsi a-t-il ajouté qu'après la mort de son grand-frère Kelenge, maman Gengba Wawi Léonie était présente à Gbadolite lorsque le pouvoir coutumier lui ait été confié par la famille régnante. Il a souligné en outre que la coutume ancestrale n'autorisait pas une femme à exercer les fonctions d'un chef de groupement.

Pour terminer, il a promis qu'il ferait de son mieux pour travailler à la satisfaction de la population dont il a la charge. Bref, il demande au pouvoir public de faire son travail comme il se doit.

Conclusion de la consultation populaire

Après consultation à huis clos, la famille régnante a désigné Maman Talando Kelenge comme porte-parole pour transmettre à l'autorité urbaine et à la population litéenne le résultat du débat sur le choix du chef de groupement lite nous citons : « Nous, membres ici présents de la famille régnante du groupement lite, considérant que Maman Gengba Wawi

Léonie étant encore en vie et n'ayant pas exprimé le vœu de céder le pouvoir coutumier à une tierce personne, avons décidé de la maintenir comme chef coutumier du groupement lite » fin de citation.

Avis et considération

Conclusion finale

Pour clore, le maire de la ville a prodigué à l'intention de toute la population des conseils visant à sauvegarder le climat d'unité et de paix dans le groupement en particulier et dans la ville de Gbadolite en général.

Enfin, le maire de la ville a exhorté le nouveau chef à faire preuve de savoir-faire pour mériter la confiance que la population avait placée en lui et surtout à bien collaborer avec les autorités de l'État en vue d'attirer les faveurs du pouvoir en place au bénéfice de la population liteenne. Commencée à dix heures, la cérémonie a pris fin à treize heures trente.

Fait à Gbadolite, le 11 avril 2012, le compte rendu est signé par le maire de la ville et le secrétaire rapporteur.

CONCLUSION GÉNÉRALE

À travers cet ouvrage, notre objectif serait de sensibiliser les communautés locales, nationales et internationales sur les potentialités dont regorge la province du Nord-Ubangi en vue de capitaliser ses ressources (potentialités) non seulement pour le développement de la contrée mais également pour le développement de la RDC et de la sous-région, compte tenu de sa position géostratégique.

Le Nord-Ubangi souffre de l'enclavement et accuse de grands retards en matière d'accès à l'éducation, aux soins de santé de qualité, à l'eau potable, à l'électricité, etc. Les disparités entre les sexes sont telles que la femme reste marginalisée à divers points de vue. L'on fait peu de cas de la protection de l'environnement.

À la différence des pratiques légales de chasse ou de pêche, le braconnage reste un fléau pour la conservation de la nature dans le Nord-Ubangi. Plusieurs espèces sauvages sont ainsi décimées ou déplacées pour des raisons économiques.

La régression de la diversité biologique persiste et des menaces sérieuses pèsent sur la survie de certaines espèces, parmi lesquelles on note malheureusement des espèces rares et endémiques comme le bonobo dans la forêt de Bokunda (territoire de Businga), l'okapi, les éléphants, les tortues marines et tant d'autres espèces à reproduction faible ou vivant dans des écosystèmes particuliers.

Plusieurs causes sont à la base de cette régression mais l'homme, poursuivant la satisfaction de ses différents besoins, en est le principal auteur. De toutes les ressources naturelles du Nord-Ubangi, le règne végétal a fourni le plus grand nombre de recettes médicales. Grippé, le secteur productif n'est plus à même de générer la richesse et les emplois. La dynamique communautaire ne jouit pas du soutien nécessaire pour la rendre performante. L'état de la gouvernance reste très préoccupant. Tous ces éléments réunis plongent le Nord-Ubangi dans une pauvreté extrême et généralisée.

Les espaces et les équilibres naturels sont indispensables à la vie sur Terre. L'inégalité de la répartition de l'eau, des ressources énergétiques et des sols fertiles est à l'origine de crises géopolitiques et de déplacements de populations. Les dérèglements climatiques risquent d'aggraver ces situations. D'où la nécessité d'intégrer ces préoccupations dans les politiques pour limiter nos émissions de gaz à effet de serre, protéger le patrimoine naturel, favoriser la biodiversité.

Les incidences sont triples : l'activité humaine puise à l'excès dans les ressources de la planète, provoque des pollutions, crée des gisements de déchets de toutes sortes. Ce modèle de développement est également à l'origine de problèmes de santé et de conditions de travail particulièrement difficiles, notamment dans les pays émergents. C'est la raison pour laquelle nous tirons la sonnette d'alarme pour inviter tout intellectuel de la RDC et du Nord-Ubangi à exercer pleinement son rôle d'éclaireur sur le Nord-Ubangi, car c'est en éduquant et en informant qu'on rend l'homme libre.

Toute réflexion sur la situation du Nord-Ubangi se conclut sur un réel malaise sur fond de désillusion, d'inquiétude et de déception. Tout le monde déçoit et se sent déçu : l'homme du peuple tout comme l'élite. Il est donc urgent qu'il y ait des gens qui puissent s'adonner à la tâche rude de procéder à une critique radicale des faits afin de proposer une nouvelle articulation entre les discours et la praxis. C'est cette nouvelle articulation que nous appelons le « changement » ou le « développement ». Il y a un écart qui persiste (consciemment entretenu) entre le discours politique (Cinq chantiers ou la modernité dans le Nord-Ubangi) et la praxis. La population du Nord-Ubangi, dans ses langages, dénonce cette dichotomie.

Ainsi donc, il ne peut y avoir de véritable développement que si l'homme, ce prince de la nature, dispose de son destin en assumant pleinement sa liberté et en œuvrant consciemment et conséquemment pour la promotion de son être et de son environnement. L'homme est au commencement et à la fin de tout développement[57]. L'effort de l'auteur de ce livre est avant tout de donner aux femmes et aux hommes « nord-ubangiens » de nouvelles raisons d'espérer. Le gouvernement central, provincial, les hommes politiques et les intellectuels de la province du Nord-Ubangi doivent être dans la société Nord-Ubangienne les témoins ou les hérauts des messages qui font naître du neuf, tout en faisant leur mea culpa qui ont aidé à assoir l'enclavement et le sous-développement du Nord-Ubangi.

Homme politique congolais en général et l'intellectuel nord-ubangien en particulier ne peut plus se dérober devant

---

57 SENGHOR. L.S., Problématique de la négritude (colloque sur la négritude), le soleil n° 305, samedi, 9 mai, 1971, p.10.

sa responsabilité. Par ses écrits, par son comportement et par ses recherches, il doit être un homme engagé, sinon il risque de contribuer (comme il l'a fait dans le passé) au maintien des cercles de la mort dans le Nord-Ubangi : cercle de la misère, cercle du désespoir, cercle de l'aliénation culturelle, cercle de la bêtisation par la désinformation ou la sous-information.

Les cercles de la mort empêchent l'homme d'être simplement homme. Et si nous pouvons oser relever quelques acquis majeurs de cet ouvrage, nous retiendrons l'appel au réveil et à la participation efficiente de la population, du gouvernement central et provincial dans le Nord-Ubangi. Faire de chaque individu un citoyen écoresponsable, grâce à des actions de sensibilisation au respect et au civisme, grâce à un processus participatif actif, découle du projet de développement durable, autant qu'il l'enracine.

Le courage d'éclairer la masse sur des notions ainsi que sur les pratiques fondamentales du développement, la lutte contre le changement climatique, la réduction de l'émission de gaz à effet de serre et à la préservation de l'écosystème est le point fort qui peut relever le défi dans le Nord-Ubangi. Le courage de prendre ouvertement position pour le bien-être de la population nord-ubangienne doit nous caractériser plus particulièrement en ce moment de l'éclosion du développement durable. Ainsi, « le développement ne se réduit pas à la simple croissance économique et, pour être authentique, il doit être intégral, c'est-à-dire promouvoir tout homme et tout l'homme[58] ».

58 J-PAUL II., Encyclique populorum progressio (le développement des peuples), Médiaspaul, 4è édition, 1997, p10.

BIBLIOGRAPHIE

Ouvrages

ABERT.J.M., Pour une théologie de l'âge industriel tome I. Église et croissance du monde, Paris, les éditions du Cerf, 1971.

ALBERTINI.J.M., Les mécanismes du sous-développement, Éditions Économie et Humanisme, Paris, 1973.

A. DIEMER., C. MARQUAT : Éducation au développement durable, enjeux et controverse, De Boeck, Belgique, Bruxelles, 2014.

BASHIGE, E., MOTINGEA A., NTAYINGI M., ON'OKOKO P., TSHILUILA S., Nature et culture en RDC, musée royal de l'Afrique centrale, Tervuren, Belgique, 2004-2005.

BERRGAN, F.J., Les médias communautaires et le développement, UNESCO, mai, 1979.

CROLAIS. A-M., L'agricultrice, Ramsay, Paris, 1982.

E.BASHIGE., A. MONTINGA., M.NTAYINGI., P.ON'OKOKO., S.TSHILUILA., Nature et culture en RDC, musée royal de l'Afrique Central, Tervuren, Belgique, 2004-2005.

I. HAJEK., P. HAMMAN., La gouvernance de la ville durable, entre déclin et réinventions, Presses Universitaires de Rennes (PUR), France, 2015.

Isidore NDAYWEL., Histoire du Zaïre, Duculot (Afrique édition), Belgique, 1997.

J-PAUL II., Encyclique populorum progressio (le développement des peuples), Médiaspaul, 4e édition, 1997.

J.P., VANDE WEGHE., Akanda et pangara, wcs, Gabon, 1995.

KASONGO P., L'eau un des facteurs d'éradication de la pauvreté, Kinshasa, Medias Paul, 2006.

« Le développement des peuples » (populorum progressio), lettre encyclique de sa Sainteté le Pape Paul VI, Kinshasa (librairie St. Paul) 1997.

LEDERER A., L'Exploitation des affluents du Zaïre et des ports de l'intérieur de 1960 à 1979, classe de sciences techniques, Ns, XVII-6, Bruxelles, 1973.

LYONNAISE DES EAUX., Qualité de l'eau et protection de l'environnement, volume, Eau et patrimoine, France, septembre 2002.

MAKALA NZENGU R., Politiques publiques et gestion du secteur agricole et rural en RDC, centre agronomique et vétérinaire tropical, Kinshasa.

MARYVONNE BONNARD., Les collectivités territoriales, la Documentation française (4e édition), France, 2009.

M. VERPEAU., C. RIMBAULT., F.WASEMAN., Les collectivités territoriales et la décentralisation, la Documentation française (8e édition, France, 2015).

NTAYINGI M., Evaluation des impacts résultant de l'aménagement des savanes en forêt artificielle, cas de la savane de Mampu, plateau de Batéké (inédit, 2002).

NYERERE. J., Liberated man, the purpose of development, cité par BERRIGAN. F.J, in Les médias communautaires et le développement, UNESCO, mai, 1979.

P. MERAL. C. CASTELLANET., R. LAPEYRE., La gestion concertée des ressources naturelles, l'épreuve du temps, Gret Karthala, Paris, 2008.

PIROT. R., La motorisation dans les cultures tropicales, Crad, Montpellier, 1998.

RANS VAN HOOR., Changer l'agriculture congolaise en faveur des familles paysannes, Alliance Agricongo, 2011.

SENGHOR. L.S., Problématique de la négritude (colloque sur la négritude), le soleil n° 305, samedi, 9 mai, 1971.

ZIEGLER. J., Main basse sur l'Afrique. La recolonisation (points actuels), Paris, Seuil, 1980.

Autres publications et rapports

Agence canadienne de développement international (ACDI), *La gouvernance en Afrique,* online : *http :* www.acdi.org.

Annuaire 2011-2012 de l'enseignement technique et de la formation professionnelle (ETFP).

Article 2 de la convention sur la biodiversité, sommet mondial de Rio de Janeiro, 1992.

CHAMMARI, K., Gouvernance, décentralisation, droits de l'homme et société civile, Atelier sur la gouvernance à l'intention des journalistes maghrébins, Nouakchott, 17 au 18 mai 2000.

Code de la famille, article 44.

Commission mondiale sur l'environnement, développement durable, rapport Brundtland, 1987.

Country guide : Petit Futé, Congo République démocratique, première édition, 2006-2007.

DAC-OECD, Orientations du CAD sur le développement participatif et la bonne gestion des affaires publiques, paris, 1993.

DELANGE., Mission Équateur, 3e Campagne 1971-1972, annexe III, prospection Diamant 1972, secteur Bodangabo-Gbosasa n° 72, kin 008.

Document du programme national, environnement, forêts, eaux et biodiversité : PNEFEB, RDC, JUIN 2011.

Dernier recensement administratif de 2014, bureau du district du Nord-Ubangi.

Forum économique mondial, realizing a New Vision for Agriculture: A roadmap for stake holders. Document préparé en collaboration avec McKinsey and Company, Genève, 2010.

Gaudium et Spes, n° 40, 3.

Journal officiel de la République démocratique du Congo sur la criminalité et la justice, 1 novembre 2003.

KAPANGA, M. F., La bonne gouvernance et le développement humain, in Ligue congolaise des électeurs.

KAZANCINGIL, A., Gouvernance et science : mode de gestion de la société et production du savoir empruntés au marché », *Revue Internationale des sciences sociales,* Unesco, Paris, n°155, mars 1998.

Mairie de Gbadolite : Rapport annuel de 2011.

MONNATE-S.L., École française d'aromathérapie, France, 2014, online : www. Passeport santé.net

OCDE : La gouvernance pour le développement durable, op.cit., 2002.

Petit Larousse, grand format, Paris.

Rapport annuel du district du Nord-Ubangi 2012.

WALTER J., Mission Équateur, 4e campagne 1973, travaux de détail, 1ere partie, diamant, rapport BRGM n° 73, kin 005.

World Bank, managing development the governance dimension, Washington, 1996.

LISTE DES TABLEAUX

LISTE DES CARTES ET FIGURES

Table des matières

Achevé d'imprimer par Corlet Numérique - 14110 Condé-sur-Noireau
N° d'Imprimeur : 132621 - Dépôt légal : octobre 2016 - *Imprimé en France*

www.ingramcontent.com/pod-product-compliance
Lightning Source LLC
LaVergne TN
LVHW011312061026
849535LV00005B/1520